Kauderwelsch
Band 212

JE

# Impressum

Nicolas Quint
**Kapverdisch (Kiriolu) — Wort für Wort**
erschienen im
Reise Know-How Verlag Peter Rump GmbH
Osnabrücker Str. 79, D-33649 Bielefeld
info@reise-know-how.de



*Übersetzung ins Deutsche* Daniel Krasa
*Bearbeitung & Layout* Josef Overberg, Svenja Lutterbeck
*Layout-Konzept* Günter Pawlak, FaktorZwo! Bielefeld
*Umschlag* Peter Rump; Coverfoto: © Jana Marie Eggebrecht (JE)
*Kartographie* Iain Macneish
*Fotos* © Nicolas Quint (NQ); © Jana Marie Eggebrecht (JE)
*Druck und Bindung* Werbedruck GmbH Horst Schreckhase, Spangenberg

**ISBN: 978-3-8317-6508-9**
Printed in Germany

Die Internetseiten mit Aussprachebeispielen und der Zugriff auf diese über QR-Codes sind eine freiwillige, kostenlose Zusatz-leistung des Verlages. Der Verlag behält sich vor, die Bereitstellung des Angebotes und die Möglichkeit der Nutzung zeitlich und inhaltlich zu beschränken. Der Verlag übernimmt keine Garantie für das Funktionieren der Seiten und keine Haftung für Schäden, die aus dem Gebrauch der Seiten resultieren. Es besteht ferner kein Anspruch auf eine unbefristete Bereitstellung der Seiten.

**Kauderwelsch**

Nicolas Quint

# Kapverdisch (Kiriolu)

*Wort für Wort*

## Kauderwelsch heißt:

- Schnell mit dem **Sprechen** beginnen, auch wenn nicht immer alles korrekt ist.
- Von der **Grammatik** wird nur das Wichtigste in einfachen Worten erklärt.
- Alle Beispielsätze werden doppelt ins Deutsche übertragen: erst **Wort-für-Wort,** dann in normales Deutsch. Die Wort-für-Wort-Übersetzung hilft, die neue Sprache schneller zu durchschauen, außerdem lassen sich dadurch leichter einzelne Wörter im fremdsprachigen Satz austauschen.
- Es geht um die **Alltagssprache,** also das, was man tatsächlich auf der Straße hört.
- Die **Autoren** sind entweder Reisende, die die Sprache im Land selbst gelernt haben oder Muttersprachler.

**Kauderwelsch-Sprachführer** sind keine Lehrbücher, aber viel mehr als traditionelle Reisesprachführer. Wer ein wenig Zeit investiert, einige Vokabeln lernt und die Sprache im Land anwendet, wird **Türen öffnen,** ein Lächeln ins Gesicht zaubern und reichere Erfahrungen machen.

## Talk to each other!

# Inhalt

## Konversation



## Anhang

JE

# Vorwort

Kapverdisch? Noch nie von dieser Sprache gehört? Spricht auf den Kapverdischen Inseln nicht jeder Portugiesisch? Diese einfache Frage ist auf den zweiten Blick äußerst komplex und lässt sich nicht mit einem einzigen Satz beantworten. Wie in vielen anderen Ländern Afrikas besinnen sich auch auf dem Archipel vor der westafrikanischen Küste die Einwohner ihrer eigenen, von den ehemaligen „Kolonialherren" unabhängigen Identität. Portugiesisch ist seit der Unabhängigkeit der Republik Kap Verde 1975 die Amtssprache, dennoch haben die Kapverdier einen ganz eigenständigen Charakter und eine unabhängige Kultur, die sich nur durch die Umgangssprache des Alltags – Kiriolu – vollkommen erfahren lässt. Zwar lernen alle Einwohner bereits in der Schule Portugiesisch, aber für die meisten hat diese Sprache etwas Trockenes und Steifes. Die eigene Muttersprache, Kiriolu, hat dagegen einen lebendigen Charakter, der für die Menschen persönlicher und intimer ist als das Werkzeug der modernen Sprachpolitik. Wer also wirklich mit den Einheimischen, ihrer Kultur, ihrer Musik, ihrer einzigartigen Lebensart und ihrem Humor in Kontakt treten und das echte Kap Verde erfahren will, der kommt nicht daran vorbei, einige Wörter Kiriolu zu lernen.

Sie werden sehen, man wird dadurch in den Augen der Einheimischen schnell vom gesichtslosen, Devisen bringenden Touristen zum Menschen und Freund. Mit diesen Worten lasse ich Sie nun auf den Inhalt dieses Büchleins los und hoffe, dass Sie schnell Fortschritte machen werden und schon bald die warmherzige Gastfreundschaft der Kapverdier zu spüren bekommen.

Viel Spaß dabei wünscht
Nicolas Quint

## Hinweise zur Benutzung

Der Sprechführer „Kapverdisch" gliedert sich in die drei wichtigen Hauptabschnitte „Grammatik", „Konversation" und „Wörterliste".

**Grammatik**

*Wer nach der Lektüre dieses Büchleins tiefer in die kapverdische Grammatik einsteigen möchte, findet im Anhang Hinweise auf weiterführende Literatur.*

Die Grammatik beschränkt sich auf das Wesentliche und ist so einfach gehalten wie möglich. Deshalb sind auch nicht alle Ausnahmen und Unregelmäßigkeiten der Sprache erklärt. Sie müssen den Grammatikteil nicht unbedingt von vorne bis hinten durcharbeiten, sondern können natürlich auch sofort mit dem Konversationsteil beginnen und die Grammatik nur zum Nachschlagen verwenden.

**Konversation**

In diesem Teil finden Sie Sätze aus dem Alltagsgespräch, die Ihnen einen ersten Eindruck davon vermitteln sollen, wie Kiriolu „funktioniert" und die Sie auf das vorbereiten sollen, was Sie später in Kap Verde hören werden. Was man vorher schon einmal gelesen hat, versteht man später viel leichter. Sobald man sich auch nur ein wenig vom Allerallgemeinsten entfernt, wird es unwahrscheinlich, dass Sie exakt den gewünschten Satz hier finden werden. Benutzen Sie die Beispielsätze also als Fundus von Satzschablonen und -mustern, die Sie selbst Ihren Bedürfnissen anpassen.

**Wort-für-Wort-Übersetzung**

Damit Sie die Wortfolge des Kiriolu in den Beispielsätzen nachvollziehen können, ist eine Wort-für-Wort-Übersetzung in *kursiver* Schrift ergänzt. Jedem Kiriolu-Wort entspricht ein Wort in der Wort-für-Wort-Übersetzung. Wird ein Kiriolu-Wort im Deutschen durch zwei Wörter übersetzt, sind diese in der Wort-für-Wort-Übersetzung durch einen Bindestrich verbunden, z. B.:

**A-mi m-sta atrazádu.**
*ich ich-sein zu-spät*
Ich bin zu spät.

**Kántu?**
*wie-viel*
Wie viel?

**Undi kása-bánhu / rostoránti?**
*wo Haus-Bad / Restaurant*
Wo gibt es hier eine Toilette / ein Restaurant?

*Werden in einem Satz mehrere Wörter angegeben, die man untereinander austauschen kann, steht ein Schrägstrich.*

Das persönliche Fürwort der 1. Person vor Verben heißt m-.

Mit Hilfe der Wort-für-Wort-Übersetzung können Sie die Beispielsätze leicht Ihren eigenen Bedürfnissen anpassen, auch wenn das Ergebnis nicht immer perfekt ausfällt.

Einige Zeitbestimmungen von Verben stehen in der Wort-für-Wort-Übersetzung in ihrer kreolischen Form in eckigen Klammern.

**M-ka ta papia purtugés.**
*ich-nicht [ta] sprechen Portugiesisch*
Ich spreche nicht Portugiesisch.

**Wörterlisten**

Die Wörterlisten am Ende des Buches enthalten einen Grundwortschatz Deutsch – Kiriolu und Kiriolu – Deutsch von je ca. 1000 Wörtern, mit denen man schon eine Menge anfangen kann.

**Umschlagklappe**

*Wenn alles nicht mehr weiterhilft, dann ist vielleicht das Kapitel „Nichts verstanden? – Weiterlernen!" der richtige Tipp. Es befindet sich ebenfalls im Umschlag, stets bereit, mit der richtigen Formulierung für z. B. „Ich habe leider nicht verstanden." oder „Wie bitte?" auszuhelfen.*

Die Umschlagklappe hilft, die wichtigsten Sätze und Formulierungen stets parat zu haben. Hier finden sich schnell die wichtigsten Angaben zur Aussprache und eine kleine Liste der wichtigsten Fragewörter, Richtungs- und Zeitangaben. Aufgeklappt ist der Umschlag eine wesentliche Erleichterung, da nun die gewünschte Satzkonstruktion mit dem entsprechenden Vokabular aus den einzelnen Kapiteln kombiniert werden kann.

**Alle verwendeten Abkürzungen:**

| | | | |
|---|---|---|---|
| **w** | weiblich | **m** | männlich |
| **Ez** | Einzahl | **Mz** | Mehrzahl |

# Sprache & Geschichte Kap Verdes

Kapverdisch – auch Kiriolu oder Kauberdiánu, wie es die Einheimischen nennen – ist die unumstrittene Umgangs- und Verkehrssprache Kap Verdes. Es handelt sich dabei um eine Kreolsprache auf Basis des Portugiesischen mit Elementen verschiedener afrikanischer Sprachen.

*Der Begriff „Kreolsprache" sollte nicht als abwertend missverstanden werden. Zwar hat das Kiriolu gegenüber dem Portugiesischen eine vereinfachte Grammatik, dafür ist das Vokabular äußerst reich und blumig. Kein Wunder, dass die Kapverdier in ihrer Musik und Literatur fast ausnahmslos auf Kiriolu ihren Emotionen freien Lauf lassen!*

Um die Entwicklung des Kiriolu zu verstehen, muss man einen Blick auf die Geschichte der Inselgruppe werfen. Der Archipel umfasst die Inselgruppe Barlavento („über dem Winde"), also die nördlichen Inseln Santo Antão, São Vicente, Santa Luzia, São Nicolau, Sal und Boa Vista sowie drei kleinere Inseln und Sotavento („unter dem Winde"), die südlicher gelegenen São Tiago, Brava, Fogo und Maio sowie zwei kleinere Inseln. Er wurde 1460 von Portugal besetzt, und kurze Zeit später begannen die Portugiesen mit der Besiedlung.

1495 wurde der Archipel zum Kronbesitz erklärt. In der Folgezeit wurden Sklaven vom afrikanischen Kontinent gebracht, die vorrangig in der Landwirtschaft eingesetzt wurden.

Viele Sklaven arbeiteten allerdings nur einige Monate auf den Inseln, bevor sie weit teurer nach Südamerika verkauft wurden. In Kap Verde lehrte man sie ein bestimmtes Metier (Landwirt, Töpfer, Schmied usw.) sowie ein Minimum an Portugiesisch.

*Offiziell heißt es „Republik Kap Verde“, auf Portugiesisch „Cabo Verde“, auf Kiriolu „Kau Berdi“. Die korrekte geographische Bezeichnung lautet „Kapverdische Inseln“. Also nicht verwirren lassen! Wir verwenden in diesem Buch den Ausdruck „Kap Verde“ bzw. „Kapverdische Inseln“.*

Ab dem 17. Jahrhundert wurden die Inseln aufgrund ihres hohen Wohlstandes ein bevorzugtes Ziel für Piraten und Freibeuter aus verschiedenen Nationen, vor allem für Engländer, Holländer und Franzosen, die im Lauf der Jahrhunderte immer wieder angriffen. Durch diese Entwicklung entstand eine Art Machtvakuum, das den Einfluss Portugals schwinden ließ. In etwa diese Zeit fällt auch das Entstehen eines eigenen Identitätsbewusstseins der Kapverdier. Immer mehr Sklaven gelang die Flucht aus den Händen der Händler Santiagos und sie siedelten sich im Inselinneren an. In den Städten vermischten sich die Rassen zusehends – oftmals durch die

Tatsache, dass sich die weißen „Kolonialherren“ schwarze Konkubinen hielten. Diese Vermischung spiegelte sich auch in der Sprache wider. Es bildete sich eine Art Marktsprache, die auf dem Portugiesischen basierte und sich, sowohl im Vokabular als auch in der Struktur, mit Einflüssen aus afrikanischen Sprachen (vor allem dem Wolof, dem Mandinka und dem Temné) vermischte.

*Auf die regionalen Unterschiede des Dialekts von São Vicente, der neben dem Kiriolu Santiagos am wichtigsten ist, wird am Ende dieses Buches eingegangen.*

Als der Sklavenhandel 1876 endgültig abgeschafft wurde, begann sich die Bevölkerung zu vergrößern, man besiedelte alle Inseln des Archipels (außer São Nicolau), und aus der einstigen Marktsprache wurde die Hauptverkehrssprache Kap Verdes – das Kiriolu.

Trotzdem hat sich bis heute keine einheitliche Standardsprache gebildet, und so findet man auf den verschiedenen Inseln des Archipels mehr oder minder unterschiedliche Dialekte, so wie sich das Kiriolu auch zwischen der Land- und Stadtbevölkerung unterscheidet. Das in diesem Band vermittelte Kiriolu ist jenes Santiagos, der größten Insel des Archipels, man wird damit aber auch problemlos auf allen anderen Inseln des Sotavento verstanden. Man kann durchaus behaupten, dass etwa 90 % aller Kapverdier diese Variante sprechen, darunter etwa 50 % als Muttersprache.

Laut neuesten Zählungen sprechen etwa 450.000 Menschen Kiriolu auf Kap Verde, dazu kommen noch rund 540.000 in Übersee, vor allem in den Vereinigten Staaten, in Por-

*Nach Ihrer Ankunft in Kap Verde werden Sie feststellen, dass alles, was geschrieben steht, wie Plakate, Straßenschilder, Zeitungen usw. ausnahmslos auf Portugiesisch ist, während man auf der Straße unter Umständen über viele Tage kaum ein Wort Portugiesisch hört, sondern nur Kiriolu. Diese Dualität zwischen geschriebener und gesprochener Sprache, für Europäer oft unverständlich, ist typisch für die meisten afrikanischen Länder.*

tugal, den Niederlanden, Italien, Frankreich, im Senegal und in Angola – denn Kap Verde ist ein traditionelles Auswanderungsland.

Doch Vorsicht: Kiriolu ist zwar die Umgangssprache der meisten Kapverdier, dennoch bleibt Portugiesisch die Hauptverwaltungs- und Bildungssprache. Gerade in den Bereichen Verwaltung, Krankenwesen, Kommunikation usw. wird Kiriolu nicht oft verwendet und man sollte hierfür unbedingt auch ein paar portugiesische Sprachkenntnisse mitbringen. Die sonst üblichen Kauderwelschkapitel „Behörden", „Bank, Post & Telekommunikation" etc. werden deshalb in diesem Band nur rudimentär behandelt. Das Ziel des vorliegenden Bandes ist in erster Linie, Sie mit den „echten" Kapverdiern und ihren Gebräuchen in Kontakt zu bringen.

**Bo Viáxi!** – Gute Reise!

## Aussprache & Betonung

Die Aussprache des Kiriolu bereitet grundsätzlich keine besonderen Schwierigkeiten. Vielen Buchstaben und Buchstabenverbindungen entsprechen im übrigen die gleichen Laute wie im Deutschen.

*Da es im Kiriolu noch keine einheitliche Rechtschreibung gibt, wird in diesem Buch die mittlerweile gängigste Variante verwendet, die verhältnismäßig einfach und eindeutig die richtige Aussprache wiedergibt.*

### Mitlaute (Konsonanten)

Kiriolu verfügt grundsätzlich über die gleichen Mitlaute wie das Deutsche, nur fehlen die Buchstaben c, h, q, w und y. Dazu kommen außerdem zwei Kombinationen – dj und tch – sowie die Mitlaute nh und ñ. Es ist wichtig zu wissen, dass einige Mitlaute nicht immer gleich ausgesprochen werden und je nach Stellung im Wort anders klingen können. Anbei jetzt eine Liste mit all den Mitlauten, die abweichend vom Deutschen ausgesprochen werden.

| | |
|---|---|
| **dj** | Wird immer wie das deutsche „dsch" in „**Dsch**ungel" gesprochen: **djánta** (Abendessen), **djuda** (Hilfe). |
| **g** | Immer wie das deutsche „g" in „**G**abel": **grógu** (weißer Rum), **gósi** (jetzt). |
| **j** | Immer wie „j" in „**J**ournal": **jinéla** (Fenster), **beju** (Kuss). |
| **li** | Wie „lj" in „I**lj**a" oder „**Lj**ub**lj**ana": **ilia** (Insel), **familia** (Familie). |

*Wenn es Ihnen schwer fällt, das r zu rollen, trösten Sie sich damit, dass auch die Einwohner der Insel Maio das r wie im Hochdeutschen sprechen, also ungerollt!*

*Kommt heute nur noch selten vor*

| | |
|---|---|
| **m** | Grundsätzlich wie „m" in „**M**antel": **mau** (schlecht), **kumida** (Essen). Am Wortende (nach einem Selbstlaut) sowie vor b und p wird das m allerdings nasal (s. weiter unten) ausgesprochen: **bem** (kommen), **tem** (haben), **um** (eins). Steht m am Wortanfang und wird von einem weiteren Mitlaut gefolgt, spricht man es auch leicht nasal: **mpregáda** (Putzfrau, Haushaltshilfe). Dies ist auch der Fall für das persönliche Fürwort m- (ich), das vor Verben steht: **m-skrebi** (ich habe geschrieben). Folgt auf m- ein Selbstlaut, klingt es eher wie „ng" in „e**ng**": **m-odja** (ich habe gesehen). |
| **n** | Das n spricht sich wie im Deutschen: **noti** (Nacht), **péna** (Feder). Am Wortende (nach einem Selbstlaut) sowie vor einem Konsonanten (sofern nicht ein b oder p) wird das n ebenfalls nasal (s. weiter unten) ausgesprochen: **ngosta** (parken), **kankam** (Tabak). |
| **nh** | Immer wie „nj" in „Ro**nj**a": **sánha** (sich ärgern), **nha** (Frau, Dame). |
| **ñ** | Wie „ng" in „si**ng**en": **ñanhi** (nagen). |
| **r** | Das r ist auf Kiriolu immer ein gerolltes Zungen-r wie im ital. „**R**oma": **mudjer** (Frau), **buru** (Esel), **ráiba** (Wut). |
| **s** | Meist stimmlos wie das deutsche scharfe „ß" in „Stra**ß**e" oder „Ga**ss**e": **kása** (jagen), **siuméntu** (eifersüchtig). |

| | |
|---|---|
| **tch** | Immer wie „tsch“ in „Qua**tsch**“: **tchábi** (Schlüssel), **koltchom** (Matratze). |
| **v** | Immer „w“ wie in „**W**agen“, nicht wie deutsches „v” in „**V**ogel”! **vinti** (zwanzig), **viáxi** (Reise). |
| **x** | Wie das deutsche „sch“ in „**Sch**immer“: **puxa** (ziehen), **xinta** (sich setzen). |
| **z** | Ein stimmhaftes „s“ wie in „Ro**s**e“: **zóna** (Dorf), **ónzi** (elf), **Djuzé** (Josef). |

tch *findet sich auch häufig als* tx, *also* txábi *oder* koltxom. *Die Aussprache ist jedoch identisch.*

## Selbstlaute (Vokale)

Im Kiriolu gibt es fünf Selbstlaute, die aber auf verschiedene Arten ausgesprochen werden:

| | |
|---|---|
| **a, â** | Ein kurz gesprochener Laut zwischen dem deutschen „ä“ und „ö“: **sabi** (wissen), **kaminhu** (Weg). Wird das a in einer Silbe betont, trägt es einen Akzent: **balansiâ** (Melone), **minà** (schlagen). |
| **á** | Wie das deutsche „a“ in „M**a**l“: **káru** (Auto), **má** (aber). |
| **e, ê** | Ein klares „e“ wie in „**E**ber“ oder „**E**sel“: **el** (er, sie), **entri** (zwischen). Wird das e in einer Silbe betont, schreibt man es mit Akzent als ê oder am Wortende als é: **e kumê-l** (er hat es gegessen), **simé** (so). |
| **é** | In etwa wie ein kurzes „ä“ in „l**ä**nger“: **téra** (Land), **prétu** (schwarz). Eine Ausnahme bildet das é am Wortende (siehe e). |

*Das Kapverdische kennt zwei Akzente (  und ^), die beide die Betonung einer Silbe kennzeichnen und immer auf einem Selbstlaut liegen.*

| | |
|---|---|
| **i, í** | Wie das deutsche „i" in „**I**gel":<br>**i** (und), **katorzi** (vierzehn).<br>Wird das i in einer Silbe betont, trägt es einen Akzent:<br>**filís** (glücklich). |
| **o, ô** | Etwa wie in „**O**fen" aber etwas offener:<br>**o** (oder), **obrigádu** (danke).<br>Wird das **o** in einer Silbe betont, schreibt man es mit Akzent als ô oder am Wortende als ó:<br>**e kompô-l** (er hat es repariert), **só** (nur). |
| **ó** | Ein halboffenes „o" wie in „**O**lga":<br>**pórta** (Tür), **póbri** (arm).<br>Eine Ausnahme bildet das **ó** am Wortende (siehe o). |
| **u, ú** | Ein klares deutsches „u" wie in „**U**hr":<br>**kru** (roh), **sukuru** (Dunkelheit).<br>Auch das u kann einen Akzent tragen, wenn es betont werden soll:<br>**fututú** (pur, rein). |

## Selbstlautkombinationen

Im Kiriolu können zwei Selbstlaute nebeneinander stehen: nau (nein), lingua (Sprache), mau (schlecht). Wichtig dabei ist, dass beide unabhängig voneinander ausgesprochen werden und nicht wie bei den deutschen Kombinationen „ai", „au" oder „ei" neue Laute ergeben – wenn dies auch in der Umgangssprache Santiagos für au nur bedingt stimmt.

## Nasale Laute

Neben Mitlauten und Selbstlauten kennt das Kiriolu die nasalen Laute. Es handelt sich dabei um Laute, die durch die Nase gesprochen werden, etwa wie im Französischen „Chanson“ oder „Réduction“. Nasale Laute werden gekennzeichnet durch:

1.) ein m am Wortende (nach einem Selbstlaut) – um (ein), algum (etwas) – , vor einem b oder p – kumpra (kaufen), limpu (sauber) –, sowie wenn es am Wortanfang steht und von einem weiteren Mitlauten gefolgt wird – mbruga (Warze);

2.) ein n vor einem Mitlaut (sofern nicht ein b oder p) – nguli (schlucken), ngosta (parken), djuntu (zusammen), djánta (Abendessen).

*Wichtig dabei ist, dass man den nasalen Ton nur andeutet und – in diesem Fall das -n – nicht ganz ausspricht.*

*Am besten lässt man sich diese Laute von einem Muttersprachler vorsagen.*

## Betonung

Grundsätzlich wird im Kiriolu immer die vorletzte Silbe eines Wortes betont: koku (Kokosnuss / -palme), mininu (Baby), mudjeris (Frauen).

Ausnahmen bilden erstens alle Wörter, die auf einem Mitlaut (jedoch nicht auf -s) enden, sie werden auf der letzten Silbe betont: katchor (Hund), ladrom (Dieb), mudjer (Frau).

Zweitens alle Wörter die die Betonung durch ein  bzw. ^ auf dem betonten Selbstlaut der Silbe kenntlich machen: djánta (Abendessen), funaná (Musikrichtung aus Santiago), nderésu (Adresse).

## Wörter, die weiterhelfen

Die folgenden Wendungen und Vokabeln werden Sie wahrscheinlich häufig brauchen, Sie benötigen dafür keine Grammatikkenntnisse, sondern können sofort mit dem Sprechen beginnen.

*Vor allem die Floskeln für „bitte", „danke" und „Entschuldigung" sind natürlich besonders wichtig.*

| | |
|---|---|
| **Fabor!** | Bitte! |
| **Obrigádu!** | Danke! |
| **Diskulpâ-m!** | Entschuldigung! |

| | |
|---|---|
| Gibt es ...? | **Tem ...?** |

**Tem mángi?**
*haben Mango*
Gibt es Mango?

**Tem pilorinhu li?**
*haben Markt hier*
Gibt es hier einen Markt?

In diesen Satz kann man alle passenden Vokabeln aus der Wörterliste am Ende dieses Buches unverändert einsetzen. Mögliche Antworten hierauf sind:

**Tem sim!**
*haben ja*
Ja, gibt es.

**Ka tem nau!**
*nicht haben nein*
Nein, gibt es nicht.

| | |
|---|---|
| Wo ...? | **Undi ...?** |

**Undi m-podi ránxa kau-durmi?**
*wo ich-können arrangieren Ort-schlafen*
Wo kann ich übernachten?

**Undi kása-bánhu?**
*wo Haus-Bad*
Wo gibt es hier eine Toilette?

| | |
|---|---|
| Ich suche ... | **djobi ...** |

**M-sata djobi .... .**
*ich-[sata] suchen*
Ich suche nach .... .

**M-sata djobi rostoránti.**
*ich-[sata] suchen Restaurant*
Ich suche ein Restaurant.

| | |
|---|---|
| Ich brauche ... | **M-mesti ...** |

**M-mesti um kuártu-drumi.**
*ich-brauchen eins Zimmer-schlafen*
Ich brauche ein Hotelzimmer.

| | |
|---|---|
| Ich möchte/will ... | **M-kré ...** |

**M-kré bebi águ.**
*ich-möchten trinken Wasser*
Ich möchte Wasser trinken.

| | | | |
|---|---|---|---|
| **formása** | Apotheke | **otel** | Hotel |
| **médiku** | Arzt | **spital** | Krankenhaus |
| **bánku** | Bank | **pulisia** | Polizei |
| **mbaxáda** | Botschaft | **kureiu** | Post |
| **otokáru** | Bus | **rostoránti** | Restaurant |
| **oroportu** | Flughafen | **bárku** | Schiff |
| **aviom** | Flugzeug | **tákis** | Taxi |
| **kais, portu** | Hafen | **kuártu** | Zimmer |

## Hauptwörter

Anders als im Deutschen werden Hauptwörter im Kiriolu nicht gebeugt. Wie in fast allen romanischen Sprachen gibt es männliche und weibliche Hauptwörter.

Während das im Portugiesischen ein nicht ganz leichtes Kapitel ist, da es einige wichtige Unregelmäßigkeiten gibt, bereitet diese Unterscheidung im Kiriolu keine größeren Probleme. Denn weiblich im grammatikalischen Sinne sind nur die Hauptwörter, die Lebewesen, also Menschen oder Tiere, bezeichnen, die explizit weiblich sind. Also z. B.:

| | | | |
|---|---|---|---|
| **mudjer** | Frau | **minina** | Mädchen |
| **mai** | Mutter | **tiâ** | Tante |
| **báka** | Kuh | **kábra** | Ziege |

Alle Hauptwörter, die männliche Lebewesen, sowie Gegenstände und abstrakte, nicht lebendige Dinge bezeichnen, sind maskulin.

| | | | |
|---|---|---|---|
| **ómi** | Mann | **idiâ** | Idee |
| **mós** | Junge | **kaminhu** | Weg |
| **pai** | Vater | **mésa** | Tisch |
| **tiu** | Onkel | **midju** | Mais |
| **boi** | Stier | **káru** | Auto |
| **bódi** | Ziegenbock | **kása** | Haus |

Für einige Familienmitglieder sowie Tiere wird im Kiriolu das Geschlecht durch Nachstellen der Wörter mátchu (männlich, Männchen) und fémia (weiblich, Weibchen) angegeben:

JE

| | |
|---|---|
| **fidju mátchu** | Sohn |
| **fidju fémia** | Tochter |
| **katchor mátchu** | Hund |
| **katchor fémia** | Hündin |
| **gátu mátchu** | Kater |
| **gátu fémia** | Katze |

Einige Hauptwörter, oftmals Berufsbezeichnungen, kennen auch jeweils eine männliche sowie eine weibliche Form, bei der die weibliche Form durch ein -a am Wortende gekennzeichnet wird.

*Im weiteren Verlauf dieses Buches benutzen wir die Abkürzungen (m) „männlich" und (w) „weiblich". In der Wort-für-Wort-Übersetzung werden allerdings nur die weiblichen Hauptwörter kenntlich gemacht.*

| | |
|---|---|
| **pursor** | Lehrer |
| **pursóra** | Lehrerin |
| **tradutor** | Übersetzer |
| **tradutóra** | Übersetzerin |
| **mbaxador** | Botschafter |
| **mbaxadóra** | Botschafterin |

# Artikel

**D**ieses Thema ist besonders einfach, denn es gibt im Kiriolu keine Artikel. Ein Hauptwort wie ómi kann je nach Sinnzusammenhang als „der Mann" oder „ein Mann" übersetzt werden:

**M-odja, ómi ta kóri na ruâ.**
*ich-sehen Mann [ta] rennen auf Straße*

NQ

Je nach Kontext kann dieser Satz also bedeuten „Ich habe einen Mann auf der Straße rennen sehen" oder „Ich habe den Mann auf der Straße rennen sehen".

Nur in besonderen Fällen kann das hinweisende Fürwort kel „diese(-r)" als bestimmter Artikel benutzt werden, und für den unbestimmten Artikel kann man das Zahlwort um „eins" nehmen. In der Mehrzahl heißt es kes „diese" und uns „einige".

# Mehrzahl

Die Bildung der Mehrzahl (Plural) stellt keine größeren Schwierigkeiten dar. Endet ein Hauptwort in der Einzahl auf einem Selbstlaut, fügt man in der Mehrzahl ein -s hinzu:

| | |
|---|---|
| **mósa** | (junges) Mädchen |
| **mósas** | (junge) Mädchen |
| **mininu** | Kind |
| **mininus** | Kinder |

Endet das Hauptwort in der Einzahl dagegen auf einem Mitlaut – außer -m – fügt man in der Mehrzahl die Endung -is hinzu:

| | |
|---|---|
| **katchor** | Hund |
| **katchoris** | Hunde |
| **rapás** | Junge |
| **rapásis** | Jungen |

Hauptwörter auf -m verändern dieses in der Mehrzahl zu -ns:

| | |
|---|---|
| **armum** | Bruder |
| **armuns** | Brüder |
| **olimom** | Deutscher |
| **olimons** | Deutsche |

Solche auf -és verändern die Endung zu -ezis:

| | |
|---|---|
| **fransés** | Franzose |
| **fransezis** | Franzosen |
| **purtugés** | Portugiese |
| **purtugezis** | Portugiesen |

Zum Gebrauch der Mehrzahl muss allerdings gesagt werden, dass diese im Kiriolu weit seltener verwendet wird als im Deutschen oder in den romanischen Sprachen. So verwendet man die Mehrzahl nicht, wenn bereits ein anderes Wort (z. B. ein Zahlwort, ein hinweisendes Fürwort etc.) kenntlich macht, dass es sich um mehr als ein „Stück" handelt.

In der Praxis wird die Mehrzahl vor allem bei Hauptwörtern benutzt, die belebte Wesen (Menschen oder Tiere) bezeichnen.

Andere Hauptwörter dagegen findet man so gut wie nie in der Mehrzahl:

| | |
|---|---|
| **uns káma** | **sinku káma** |
| einige Betten | fünf Betten |

# Eigenschaftswörter

Ein Eigenschaftswort (Adjektiv) steht im Allgemeinen hinter dem Hauptwort, auf das es sich bezieht:

**um ómi dretu**
*eins Mann sympathisch*
ein sympathischer Mann

Ausnahmen: einige Eigenschaftswörter können auch vor das Hauptwort gestellt werden. Dies gilt insbesondere für bom „gut" und mau „schlecht".

**mau grógu**
*schlecht Rum*
schlechter Rum

**bom rostoránti**
*gut Restaurant*
gutes Restaurant

Das Eigenschaftswort kennt keine Mehrzahlform und passt sich dadurch nicht dem Hauptwort an, d. h. auch wenn das Hauptwort in der Mehrzahl stehen sollte:

**uns ómi dretu**
*einige Mann sympathisch*
einige sympathische Männer

**kes ómi é dretu**
*diese Mann sein sympathisch*
diese Männer sind sympathisch

Einige wenige Eigenschaftswörter kennen männliche und weibliche Formen. Dies ist der Fall bei all denen, die auf -u oder -dor enden, sie verändern die Endungen in der weiblichen Form in -a und -dera:

| | |
|---|---|
| **bunitu**<br>schön(-er) | **bunita**<br>schön(-e) |
| **prétu**<br>schwarz(-er) | **préta**<br>schwarz(-e) |
| **trabadjador**<br>fleißig(-er) | **trabadjadera**<br>fleißig(-e) |

Allerdings werden die weiblichen Formen nur dann verwendet, wenn das Eigenschaftswort als Hauptwort gebraucht wird:

*Jemanden als schwarz zu bezeichnen hat auf den Kapverdischen Inseln nichts Rassistisches.*

| | |
|---|---|
| **dós mudjer prétu**<br>*zwei Frau schwarz*<br>zwei schwarze Frauen | **dós préta**<br>*zwei schwarze*<br>zwei Schwarze (Frauen) |

Daneben kennt das Kiriolu u. a. zwei Eigenschaftswörter, die immer in ihrer weiblichen Form stehen, wenn sie sich auf Frauen oder Mädchen beziehen, diese sind: bunitu „hübsch/schön“ und feiu „hässlich“:

*Das Eigenschaftswort* fórti *„stark“ kann vor einem weiteren Eigenschaftswort stehen und „verstärkt“ dieses. In der Übersetzung geben wir es hier mit „welch“ wieder.*

| | |
|---|---|
| **Fórti rapás bunitu!**<br>*stark Junge schöner*<br>Welch ein schöner Junge! | **Fórti minina bunita!**<br>*stark Mädchen schöne*<br>Welch ein hübsches Mädchen! |

| | |
|---|---|
| **báxu - áltu** | niedrig - hoch |
| **bunitu - feiu** | schön - hässlich |
| **bom - mau** | gut - schlecht |
| **barátu - káru** | billig - teuer |
| **kenti - friu** | warm - kalt |
| **rixu - móli** | hart - weich |
| **pertádu - lárgu** | eng - breit |
| **fáxi - difisi** | einfach - schwierig |
| **fórti - fráku** | stark - schwach |
| **grándi - pikinóti** | groß - klein |
| **gordu - mágru** | dick – dünn, mager |
| **spértu - buru** | intelligent - dumm |
| **lebi - pisádu** | leicht - schwer |
| **kumpridu - kurtu** | lang - kurz |
| **nóbu - bedju** | neu - alt |
| **abértu - fitchádu** | geöffnet - geschlossen |
| **xeiu - baziu** | voll - leer |
| **limpu - xuxu** | sauber - schmutzig |
| **sábi - ka-sábi** | angenehm - unangenehm |
| **sukuru - kláru** | dunkel - hell, klar |

sábi *auch: lecker, schmackhaft*

## Farben

| | |
|---|---|
| **bránku** | weiß |
| **azul** | blau |
| **roxu** | indigo |
| **marélu** | gelb |
| **prétu** | schwarz |
| **kor di laránxa** | orange |
| **kor di róza** | rosa |
| **burmedju, roxu** | rot |
| **berdi** | grün |
| **alilás** | lila, violett |

## Steigern & Vergleichen

Bei der Steigerung wird das Eigenschaftswort nicht gebeugt, sondern man steigert mit Hilfe des Worts más „mehr“:

**áltu**
hoch

**más áltu**
höher

Vergleicht man zwei Hauptwörter, braucht man außerdem ki oder di ki „als“, die beide gleichermaßen benutzt werden können.

*Das Hilfsverb „sein“ wird meist durch é übersetzt.*

**Pedru é más áltu ki Djom.**
*Peter sein mehr hoch als Johannes*
Peter ist größer als Johannes.

Sind zwei Eigenschaften gleich, kann man tom „(genau-)so“ vor das Eigenschaftswort stellen, auf jeden Fall aber benötigt man den Ausdruck sima „wie“:

**Pedru é tom áltu sima Zé.**
*Peter sein so hoch wie Zé*
Peter ist genauso groß wie Zé.

Ist eine Eigenschaft einer anderen gegenüber minder, wird dies im Kiriolu nicht eindeutig ausgedrückt.

Möchte man z. B. sagen, dass Johannes nicht so groß wie Peter ist, hat man dazu zwei Möglichkeiten:

**Djom é más báxu ki Pedru.**
*Johannes sein mehr niedrig als Peter*
Johannes ist kleiner als Peter.

*er ist also weniger groß*

Oder man stellt dem Eigenschaftswort das Wörtchen ka „nicht" vor.

**Djom é ka áltu sima Pedru.**
*Johannes sein nicht hoch wie Peter*
Johannes ist nicht so groß wie Johannes.

Zwei Eigenschaftswörter kennen unregelmäßige Steigerungsformen:

| | | |
|---|---|---|
| **bom** | **(mas) midjor** | **más midjor** |
| gut | besser | am besten |
| **mau** | **(mas) pior** | **más pior** |
| schlecht | schlechter | am schlechtesten |

*Bei der Steigerung von „gut" oder „schlecht" kann man das* mas *weglassen, aber auch verwenden; in dem Fall muss man also aus dem Zusammenhang erkennen, was gemeint ist.*

## Die zweite Steigerungsstufe

Die zweite Steigerungsstufe (Superlativ) erhält man auf die gleiche Art wie die erste; der Unterschied liegt vor allem im Satzzusammenhang:

**Siza é kantóra más famádu di Kau Berdi.**
*Cesária-Évora sein Sängerin mehr berühmt von Kap Verde*
Cesária Évora ist die berühmteste Sängerin der Kapverdischen Inseln.

*Cesária Évora – Siza genannt – ist der Superstar der kapverdischen Musikszene. Mit Alben wie „Miss Perfumado", „Cesária" und São Vicente di longe" hat sie auch in Europa beachtliche Erfolge erzielt. Ihre Texte sind großteils im Dialekt São Vicentes verfasst.*

Für „sehr“ kennt das Kiriolu zwei Entsprechungen: mutu oder rai di.

| | |
|---|---|
| **sábi** | angenehm |
| **mutu sábi** | sehr angenehm |

| | |
|---|---|
| **dretu** | sympathisch |
| **rai di dretu** | sehr sympathisch |

## Persönliche Fürwörter

Das Thema der persönlichen Fürwörter ist im Kiriolu zwar kein besonders schwieriges, dafür weicht deren Anwendung vom Duktus der meisten europäischen Sprachen deutlich ab und man erkennt sogar afrikanische Wurzeln. Persönliche Fürwörter können Anhängsel sein, die vor (als Präfixe) Tätigkeitswörtern oder nach (als Suffixe) Verhältniswörtern und ebenfalls Tätigkeitswörtern stehen, dazu jedoch mehr in den entsprechenden Kapiteln. Die unabhängigen Formen sind in Verbindung mit a-:

| | |
|---|---|
| **a-mi** | ich |
| **a-bo** | du |
| **a-nhó** | Sie (zu einem Mann) |
| **a-nha** | Sie (zu einer Frau) |
| **a-el** | er, sie |
| **a-nós** | wir |
| **a-nhós** | ihr |
| **a-ês** | sie (Mz) |

*Diese persönlichen Fürwörter werden nur am Anfang des Satzes oder als Subjekt nach dem Verb „sein" verwendet.*

**A-bo é kenha?**
*du sein wer*
Und wer bist du?

**A-bo é berdiánu.**
*du sein Kapverdier*
Du bist Kapverdier.

In manchen Fällen stehen auch die einfachen Grundformen (ohne a-): mi, bo, nhó, nha, el, nós, nhós, ês. Mehr dazu in Kürze.

**É kenha?**
*sein wer*
Wer ist das?

**É mi!**
*sein ich*
Ich!

Wie Sie erkennen können, unterscheidet das Kiriolu zwischen „du" und „Sie". Die Anwendung der Duzform ist dabei lockerer als im Deutschen: man duzt spontan jede Person, die in etwa das gleiche Alter wie man selbst hat, oder die jünger ist. Auch innerhalb der Familie oder unter Freunden ist bo „du" üblich. Gesiezt werden ältere Personen, die nicht zum familiären Kreis gehören, sowie Personen, die Respekt verdienen, oder einen deutlich höheren Rang haben.

*Das können Polizisten, Politiker, Richter, aber auch Geistliche wie Mönche, Priester oder Nonnen sein.*

## Besitzanzeigende Fürwörter

Die besitzanzeigenden Fürwörter werden immer vor das besessene Hauptwort gestellt:

*Beachten Sie, dass „Sie" hier keine Entsprechung hat!*

| | |
|---|---|
| **nha** | mein |
| **bu** | dein |
| **si** | sein, ihr |
| **nós** | unser |
| **nhós** | euer |
| **ses** | ihr |

**Bu téra é bunitu.**
*dein Land sein schön*
Dein Land ist schön.

**Nha káru é azul.**
*mein Auto sein blau*
Mein Auto ist blau.

Die drei Personen der Einzahl können auch regelmäßige Mehrzahlformen auf -s bilden:

| | |
|---|---|
| **nhas** | meine |
| **bus** | deine |
| **ses** | seine, ihre |

Wenn es sich um eine Mehrzahlform handelt, wird dies jeweils entweder durch das besitzanzeigende Fürwort oder das Hauptwort gekennzeichnet. Man kann also unterschiedslos sagen: nhas fidju oder nha fidjus „meine Kinder".

Für die drei Personen der Mehrzahl gilt, dass immer das Hauptwort in der Mehrzahl steht und nicht das persönliche Fürwort: nós fidjus „unsere Kinder".

Besitz kann aber auch durch die Konstruktion aus dem Verhältniswort di „von" und speziellen Formen der persönlichen Fürwörter ausgedrückt werden:

| | |
|---|---|
| **di meu** | mein, von mir |
| **di bo** | dein, von dir |
| **di nhó** | Ihr (m), von Ihnen (m) |
| **di nha** | Ihr (w), von Ihnen (w) |
| **di sel** | sein, ihr, von ihm, von ihr |
| **di nós** | unser, von uns |
| **di nhós** | euer, von euch |
| **di ses** | ihr, von ihnen |

Diese Form wird adjektivisch benutzt, d. h. dass sie immer nach dem besessenen Hauptwort steht. Bis auf di nhó und di nha sind alle Formen in Bezug auf Zahl und Geschlecht unveränderlich:

**Téra di nhó é bunitu.**
*Land von Ihnen sein schön*
Ihr Land ist schön.

Diese Form kann auch ohne ein Hauptwort stehen:

**Di nhó é bunitu.**
*von Ihnen sein schön*
Das Ihre ist schön.

**Si kása é tom grándi sima di bo.**
*sein Haus sein so groß wie von dir*
Sein Haus ist genauso groß wie deins.

# Dieses & Jenes

Das Kiriolu benutzt vor allem ein hinweisendes Fürwort: kel „dieser, dieses, diese". In der Mehrzahl hat es die Form kes „diese":

**Kel kantiga é sábi!**
*dieser Lied sein angenehm*
Dieses Lied ist angenehm!

**Kes katchor é mutu buru.**
*diese Hund sein sehr dumm*
Diese Hunde sind sehr dumm.

Möchte man unterscheiden, ob sich etwas nah oder weiter weg vom Sprecher oder dem Angesprochenen befindet, kann man dies mittels der Adverbien li „hier" und la „dort" tun:

| | |
|---|---|
| **ke(l)-li** | dieser hier, diese hier, dieses hier |
| **ke(l)-la** | jener dort, jene dort, jenes dort |

**Iii! Ke-li é mau grógu mé!**
*pfui! dieser-hier sein schlecht Rum wirklich*
Pfui! Dieser Rum ist wirklich schlecht!

**Ke-la é mutu bunita!**
*jene-dort sein sehr hübsch*
Jene dort ist sehr hübsch!

Bezieht sich kel auf ein Hauptwort, stehen -li und -la hinter diesem:

| | |
|---|---|
| **kel kása-li** | **kel kása-la** |
| dieses Haus hier | jenes Haus dort |

Daneben existiert ein zusätzliches hinweisendes Fürwort: es „dieser", das weit weniger verwendet wird und sich nur auf ein Hauptwort in der Einzahl bezieht, das räumlich nicht weit vom Sprecher entfernt ist. Es kann auch in Verbindung mit der Partikel -li stehen.

| | |
|---|---|
| **es kása-(li)** | **es bés-(li)** |
| dieses Haus hier (wo wir gerade sind) | dieses Mal (jetzt gerade) |

*Grundsätzlich wird* kel *weit mehr benutzt, und Sie können dies ebenso handhaben. Man wird damit immer verstanden.*

Man hört es häufig in einigen feststehenden Ausdrücken wie:

| | |
|---|---|
| **es ánu** | dieses Jahr |
| **es noti** | dieser Abend |

NQ

## Hier ist & Dort ist

*A-li und a-la lassen sich ins Deutsche nur durch „hier/dort ist“ übersetzen. Sie entsprechen z. B. dem französischen „voilà!“ oder dem italienischen „ecco!“.*

Des Weiteren kennt das Kiriolu die beiden Ausdrücke a-li „hier ist/sind“ und a-la „dort ist/sind“, die ebenfalls verwendet werden, um auf etwas hinzuweisen.

**A-li nhas fidju: Mafálda ku Ntóni.**
*hier-ist meine Kind: Mafalda und Anton*
Hier sind meine Kinder: Mafalda und Anton.

**A-la nha kása, riba kel kutélu-la.**
*dort-ist mein Haus auf dieser Hügel-dort*
Dort ist mein Haus, auf diesem Hügel dort.

Man kann a-li und a-la auch mit den persönlichen Fürwörtern kombinieren. Die entsprechenden Formen dazu sind:

| | | | |
|---|---|---|---|
| **alê-m li** | ich bin hier | **alâ-m la** | ich bin dort |
| **alê-u li** | du bist hier | **alâ-u la** | du bist dort |
| **ali nhó li** | Sie sind hier (m) | **ala nhó la** | Sie sind dort (m) |
| **ali nha li** | Sie sind hier (w) | **ala nha la** | Sie sind dort (w) |
| **alê-l li** | er/sie ist hier | **alâ-l la** | er/sie ist dort |
| **alê-nu li** | wir sind hier | **alá-nu la** | wir sind dort |
| **ali nhós li** | ihr seid hier | **ala nhós la** | ihr seid dort |
| **alê-s li** | sie sind hier | **alâ-s la** | sie sind dort |

**Undi Djom?**
*wo Johannes*
Wo ist Johannes?

**Alâ-l la!**
*dort-er dort*
Er ist dort!

# Tätigkeitswörter

Grundsätzlich ist das System der Tätigkeitswörter (Verben) des Kiriolu nicht kompliziert, wenn es sich auch grundsätzlich von dem der meisten europäischen Sprachen unterscheidet. Tätigkeitswörter werden im Kiriolu nicht gebeugt, sondern sie bestehen aus einer Grundform, vor die Fürwort und/ oder Aspektmarker gestellt werden können.

## Persönliche Fürwörter & Aspekte

Zusätzlich zu der Grundform muss man die Information über den Sprecher und die Zeit, zu der die Handlung stattfindet, geben. Dabei unterscheidet das Kiriolu verschiedene Aspekte. Steht das Tätigkeitswort allein – d. h. ohne Zusatz – hat es die Bedeutung einer vollendeten Gegenwart (Perfekt) oder der Vergangenheit (Präteritum). Als Beispiel hier im Folgenden das Verb papia „sprechen". In Verbindung mit den persönlichen Fürwörtern (die hier wieder leicht abweichen), sieht die Beugung (Konjugation) wie folgt aus:

*Für die Form des Fürworts „ich" m- findet sich auch die Schreibweise nur mit einem n, also n papia. Die Aussprache ist jedoch identisch.*

| | |
|---|---|
| **m-papia** | ich sprach, ich habe gesprochen |
| **bu papia** | du sprachst, du hast gesprochen |
| **nhu papia** | Sie (m) sprachen, Sie haben gesprochen |
| **nha papia** | Sie (w) sprachen, Sie haben gesprochen |
| **e papia** | er/sie sprach, er/sie hat gesprochen |
| **nu papia** | wir sprachen, wir haben gesprochen |
| **nhós papia** | ihr spracht, ihr habt gesprochen |
| **ês papia** | sie sprachen, sie haben gesprochen |

**Ónti m-papia ku Djom.**
*gestern ich-sprechen mit Johannes*
Ich habe gestern mit Johannes gesprochen.

**M-da nha fidju sunkuénta merés.**
*ich-geben mein Sohn fünfzig Escudos*
Ich habe meinem Sohn fünfzig Escudos gegeben.

Für alle anderen Zeitangaben benötigt man sogenannte Aspektmarker; es gibt davon vier:

1.) ta + Tätigkeitswort: Dies ist der Marker des unvollendeten Aspekts, der in erster Linie eine Handlung bezeichnet, die unabhängig von einem bestimmten Zeitpunkt abläuft. Das ist z. B. der Fall bei Tätigkeitswörtern, die eine Gewohnheit oder Kenntnis über etwas beschreiben. Die persönlichen Fürwörter (m-, bu, nhu, nha, e etc.) stehen vor ta:

*In der Wort-für-Wort-Übersetzung geben wir die Aspektmarker in eckigen Klammern [] an.*

**Mi m-ta papia olimom.**
*ich ich-[ta] sprechen Deutsch*
Ich spreche Deutsch.

In diesem Satz steckt die Information: „ich sprach es gestern, ich spreche es heute und ich werde es morgen sprechen“; es handelt sich folglich um eine Gewohnheit.

**Bu ta papia kiriolu?**
*du [ta] sprechen Kiriolu*
Sprichst du Kiriolu?

Außerdem benutzt das Kiriolu den unvollendeten Aspekt fast immer, wenn die Handlung in der Zukunft stattfinden wird:

**Manham m-ta papia ku Djom.**
*morgen ich-[ta] sprechen mit Johannes*
Ich werde morgen mit Johannes sprechen.

**Es noti bu ta bá sinéma?**
*dieser Abend du [ta] gehen Kino*
Wirst du heute Abend ins Kino gehen?

2.) sata + Tätigkeitswort ist der Marker des so genannten Gerundiums (gebeugte Grundform) und kann ins Deutsche am ehesten durch „gerade dabei sein etwas zu tun" übersetzt werden. Zeitlich bedeutet es, dass die entsprechende Handlung im Moment abläuft. Die persönlichen Fürwörter stehen vor sata:

**Gósi-li m-sata papia ku Djom.**
*jetzt-hier ich-[sata] sprechen mit Johannes*
Ich bin gerade dabei mit Johannes zu sprechen.

**E sata bá Práia.**
*er [sata] gehen Praia*
Er fährt gerade nach Praia.

**M-obi Djom ta papia ku Pedru.**
*ich-hören Johannes [ta] sprechen mit Peter*
Ich habe gehört, wie Johannes dabei war mit Peter zu sprechen.

*Stehen in einem Satz allerdings zwei Verben, wird das Gerundium im Nebensatz mit* ta *gebildet.*

3.) dja + persönliches Fürwort + Tätigkeitswort drückt aus, dass die entsprechende Handlung im Moment beendet wurde. Im Deutschen wird diese Zeit häufig durch die Vergangenheit und das Wörtchen „gerade" umschrieben. Die persönlichen Fürwörter stehen dabei als Suffixe nach dja:

| | |
|---|---|
| **dja-m papia** | ich habe gerade gesprochen |
| **dja-u papia** | du hast gerade gesprochen |
| **dja-nhu papia** | sie (m) haben gerade gesprochen |
| **dja-nha papia** | sie (w) haben gerade gesprochen |
| **dja-e papia** | er/sie hat gerade gesprochen |
| **dja-nu papia** | wir haben gerade gesprochen |
| **dja-nhós papia** | ihr habt gerade gesprochen |
| **dja-ês papia** | sie haben gerade gesprochen |

**Dja-m papia ku Djom, e fla ma sta dretu.**
*[dja]-ich sprechen mit Johannes*
*er sagen dass sein richtig*
Ich habe gerade mit Johannes gesprochen, er hat gesagt, dass das OK ist.

*Die Verwendung von Aspektmarkern mag Ihnen fremd vorkommen, aber die Anwendung ist verhältnismäßig einfach! Keine Sorge, mit etwas Praxis werden Sie sich schnell an dieses System gewöhnen.*

**Dja-u tchiga di Mindélu?**
*[dja]-du ankommen von Mindelo*
Bist du gerade aus Mindelo angekommen?

4.) al + Tätigkeitswort bezeichnet die Möglichkeitsform (Konjunktiv), d. h. es zeigt an, dass eine Handlung vielleicht eintreten wird, es möglich ist, dass eine Aktion stattfindet. Die persönlichen Fürwörter stehen vor al:

**M-al papia ku Djom.**
*ich-[al] sprechen mit Johannes*
Ich würde mit Johannes sprechen.

*Oder: Ich werde vielleicht mit Johannes sprechen.*

## Schwache & starke Tätigkeitswörter

All das, was wir bis jetzt über die Aspekte wissen, trifft auf 99 % aller Tätigkeitswörter zu. Die Tätigkeitswörter, die zu dieser Kategorie gehören, (z. B. papia) werden schwache Tätigkeitswörter genannt.

Jedoch existiert eine kleine Gruppe von Tätigkeitswörtern, die sich gegenüber dem Aspekt anders verhalten. Man nennt diese starke Tätigkeitswörter. Sie sind zwar nicht zahlreich – es gibt fünfzehn davon – aber zu ihnen gehören die am häufigsten gebrauchten Tätigkeitswörter des Kiriolu:

*Selbst wenn Sie nicht die Absicht haben sollten, sich auf dem Gebiet der kapverdischen Grammatik zu perfektionieren, führt leider kaum ein Weg daran vorbei zumindest ein wenig über dieses Thema zu erfahren.*

| | |
|---|---|
| **gosta** | lieben, mögen |
| **mesti** | benötigen, brauchen |
| **kustuma** | gewöhnt sein, sich gewöhnen |
| **teni** | dabei haben |
| **tem** | haben, besitzen |
| **konxi** | kennen |
| **debi** | müssen |
| **sta** | sein, sich befinden |
| **mora** | wohnen |
| **meresi** | verdienen |
| **podi** | können |
| **tchoma** | heißen |
| **sabi** | wissen |
| **bali** | wert sein |
| **kré** | wollen, möchten, mögen |

*(augenblicklich im Besitz sein)*

*(nicht im Sinne von Gehalt)*

tchoma *kann auch „rufen“ heißen, ist dann aber schwach.*

*Interessant ist, dass auch viele westafrikanische Sprachen die Unterscheidung zwischen starken und schwachen Verben kennen und die starken oftmals mit denen des Kiriolu – zumindest von der Bedeutung her – identisch sind!*

Der Hauptunterschied zwischen schwachen und starken Verben ist, dass die Aspektmarker eine andere Aussage haben, je nachdem mit was für einem Tätigkeitswort sie stehen.

Steht ein starkes Tätigkeitswörter beispielsweise ohne Aspektmarker, drückt es die Gegenwart aus, das heißt die Handlung läuft im Moment ab:

**M-sabi um munti kusa.**
*ich-wissen eins Haufen Sache*
Ich weiß eine Menge Sachen.

**Bu konxi Mariâ?**
*du kennen Maria*
Kennst du Maria?

Das häufig gebrauchte Verb kré „wollen, möchten, mögen" kann auch in Verbindung mit einem weiteren Tätigkeitswort stehen:

**Ês kré bem manham.**
*sie möchten kommen morgen*
Sie wollen morgen kommen.

*Der Aspektmarker* sata *wird in Verbindung mit den starken Tätigkeitswörtern praktisch nicht verwendet.*

Der Aspektmarker ta bezeichnet in Verbindung mit einem starken Tätigkeitswort fast immer ausschließlich die Zukunft:

**Um diâ, m-ta sabi kusé ki pása.**
*eins Tag ich-[ta] wissen was dass geschehen*
Eines Tages werde ich wissen,
was geschehen ist.

Dja- hat mit starken Tätigkeitswörtern meist die Bedeutung „schon“:

**Dja-m sabi.**
*[dja]-ich wissen*
Ich weiß es schon.

Auch al kommt in Verbindung mit starken Tätigkeitswörtern vor und bezeichnet die Möglichkeitsform, es drückt aus: „es kann sein“ oder „es muss sein“:

**Djom al tem káru.**
*Johannes [al] haben Auto*
Johannes muss ein Auto haben.

## Vergangenheit

Neben der Grundform des Tätigkeitsworts gibt es eine unabhängige Vergangenheitsform, bei der an den Verbstamm die Endung -ba gehängt wird. Von der Bedeutung her bezeichnet diese Form allerdings meistens die Vorvergangenheit (Plusquamperfekt) oder das habituelle Perfekt, das im Deutschen durch „etwas zu tun pflegen“ umschrieben wird.

**E papia ku Djom.**
*er sprechen mit Johannes*
Er hat mit Johannes gesprochen.

**E papiába ku Djom.**
*er sprechen-[ba] mit Johannes*
Er hatte mit Johannes gesprochen.

*Durch die Silbe* -ba *würde sich die Betonung von* papia *verändern. Um dem vorzubeugen, fügt man einen Akzent hinzu:* papiába.

In Verbindung mit den Aspektmarkern, v. a. ta, erhält die Vorvergangenheitsform häufig die Bedeutung einer nicht einmalig stattgefundenen Handlung. Sehen Sie:

**Zináida ta kánta sábi.**
*Zináida [ta] singen angenehm*
Zináida singt gut.

**Zináida kánta sábi.**
*Zináida singen angenehm*
Zináida hat gut gesungen. (ein Mal)

**Zináida ta kantába sábi.**
*Zinaïda [ta] singen-[ba] angenehm*
Zináida pflegte gut zu singen. (des öfteren)

## Passiv

Alle bis jetzt vorgekommenen Übungssätze standen im Aktiv, d. h. der Satzgegenstand (Subjekt) tätigt die Handlung:

**M-ta kumi mafáfa.**
*ich-[ta] essen Yamswurzel*
Ich esse Yamswurzel.

Neben diesem Aktiv kennt das Kiriolu auch einen Passiv – also die Form, bei der die Satzergänzung (Objekt) zum Satzgegenstand wird –, der gebildet wird, indem man dem Tätigkeitswort das Suffix -du anfügt. Auch hierbei treten geringe Veränderungen in der Rechtschreibung auf:

**Djom fla Pedru ma Pálu móri.**
*Johannes sagen Peter dass Paul sterben*
Johannes hat Peter gesagt, dass Paul gestorben ist.

**Pedru flá-du ma Pálu móri.**
*Peter sagen-wird dass Paul sterben*
Peter ist gesagt worden, dass Paul gestorben ist.

Das Passiv wird in die Vergangenheit gesetzt, in dem man -du durch -da ersetzt:

**Pedru flá-da ma Pálu móri.**
*Peter sagen-wurde dass Paul sterben*
Peter war gesagt worden, dass Paul gestorben ist.

## Kombination aus Tätigkeitswörtern & persönlichen Fürwörtern

Vielen Tätigkeitswörtern können persönliche Fürwörter nachgestellt werden, die dann meistens dem deutschen Wem- oder Wen-Fall entsprechen. Die verwendeten Suffixe sind dabei identisch mit denen, die Sie in Verbindung mit den Wörtern a-li und a-la kennen gelernt haben. Das Tätigkeitswort – hier z. B. odja „sehen“ – verändert sich geringfügig aufgrund von Betonungsregeln:

| | |
|---|---|
| **e odjâ-m** | er/sie hat mich gesehen |
| **e odjâ-u** | er/sie hat dich gesehen |
| **e odja-nhó** | er/sie hat Sie (m) gesehen |
| **e odja-nha** | er/sie hat Sie (w) gesehen |
| **e odjâ-l** | er/sie hat ihn/sie gesehen |

| | |
|---|---|
| **e odjá-nu** | er/sie hat uns gesehen |
| **e odja-nhós** | er/sie hat euch gesehen |
| **e odjâ-s** | er/sie hat sie (Mz) gesehen |

Diese Betonungsregeln und die damit verbundenen Rechtschreibungs- und Ausspracheregeln können nach den folgenden Beugungsmodellen zusammengefasst werden.

## Beugungsmodelle

Fassen wir zusammen: Tätigkeitswörter kommen im Kiriolu in vier verschiedenen Formen vor: der Grundform, der Vorvergangenheit, dem Passiv, sowie der Vergangenheit des Passiv. Als Beispiele seien hier die Tätigkeitswörter fla „sagen" und kánta „singen" aufgeführt:

**fla, flába, fládu, fláda**
**kánta, kantába, kantádu, kantáda**

In Verbindung mit den persönlichen Fürwörtersuffixen verändert sich das Verb in seiner Rechtschreibung leicht. Die Betonungsregeln und die damit verbundenen Rechtschreibungs- und Ausspracheregeln verändern sich dabei abhängig von der Vorvergangenheitsform ohne die Endung -ba, hier z. B. flá- und kantá-. Diese Tätigkeitswörter verhalten sich wie das weiter oben gezeigte odja „sehen": odja, odjába, odjádu, odjáda und werden -á-Beugungen genannt (da der letzte Buchstabe vor -ba eben das á ist).

Daneben gibt es noch weitere fünf Modelle.

Beugung auf -e-: **djobi** „anschauen, ansehen":

| **djobi, djobeba, djobedu, djobeda** | |
|---|---|
| **e djobê-m** | er/sie hat mich angeschaut |
| **e djobê-u** | er/sie hat dich angeschaut |
| **e djobi-nhó** | er/sie hat Sie (m) angeschaut |
| **e djobi-nha** | er/sie hat Sie (w) angeschaut |
| **e djobê-l** | er/sie hat ihn/sie angeschaut |
| **e djobê-nu** | er/sie hat uns angeschaut |
| **e djobi-nhós** | er/sie hat euch angeschaut |
| **e djobê-s** | er/sie hat sie (Mz) angeschaut |

Beugung auf -i-: **obi** „hören":

| **obi, obiba, obidu, obida** | |
|---|---|
| **e obí-m** | er/sie hat mich gehört |
| **e obí-u** | er/sie hat dich gehört |
| **e obi-nhó** | er/sie hat Sie (m) gehört |
| **e obi-nha** | er/sie hat Sie (w) gehört |
| **e obí-l** | er/sie hat ihn/sie gehört |
| **e obí-nu** | er/sie hat uns gehört |
| **e obi-nhós** | er/sie hat euch gehört |
| **e obí-s** | er/sie hat sie (Mz) gehört |

*Dieses „trockene" Kapitel sollte Sie nicht zu sehr verwirren. Erinnern Sie sich, dass das Kiriolu sehr selten geschrieben wird und es hier in erster Linie um die richtige Betonung geht. Lassen Sie sich nach Möglichkeit die Formen von einem Kapverdier vorsprechen und versuchen Sie sich die korrekte Aussprache auditiv zu merken.*

*Wie Sie sehen, verändern sich die Formen immer leicht in Verbindung mit den Suffixen* -m, -u, -l, -nu *und* -s.

| Beugung auf -o-: **konku** „schlagen“: | |
|---|---|
| **konku, konkoba, konkodu, konkoda** | |
| **e konkô-m** | er/sie hat mich geschlagen |
| **e konkô-u** | er/sie hat dich geschlagen |
| **e konku-nhó** | er/sie hat Sie (m) geschlagen |
| **e konku-nha** | er/sie hat Sie (w) geschlagen |
| **e konkô-l** | er/sie hat ihn/sie geschlagen |
| **e konkô-nu** | er/sie hat uns geschlagen |
| **e konku-nhós** | er/sie hat euch geschlagen |
| **e konkô-s** | er/sie hat sie (Mz) geschlagen |

| Beugung auf -u-: **bombu** „auf dem Rücken tragen“: | |
|---|---|
| **bombu, bombuba, bombudu, bombuda** | |
| **e bombú-m** | er/sie hat mich auf dem Rücken getragen |
| **e bombú-u** | er/sie hat dich auf dem Rücken getragen |
| **e bombu-nhó** | er/sie hat Sie (m) auf dem Rücken getragen |
| **e bombu-nha** | er/sie hat Sie (w) auf dem Rücken getragen |
| **e bombú-l** | er/sie hat ihn/sie auf dem Rücken getragen |
| **e bombú-nu** | er/sie hat uns auf dem Rücken getragen |
| **e bombu-nhós** | er/sie hat euch auf dem Rücken getragen |
| **e bombú-s** | er/sie hat sie (Mz) auf dem Rücken getragen |
| Beugung auf -em-: **tem** „haben, besitzen“: | |

Diese Beugung fällt etwas aus der Reihe, da an sie nicht die, bis jetzt gebrauchten Fürwörtersuffixe gehängt werden, sondern diejenigen, die wir als die persönlichen Fürwörter in der einfachen Grundform (mi, bo, el etc.) kennen gelernt haben.

| tem, temba, tendu, tenda | |
|---|---|
| **e tem-mi** | er/sie hat mich |
| **e tem-bo** | er/sie hat dich |
| **e tem-nhó** | er/sie hat Sie (m) |
| **e tem-nha** | er/sie hat Sie (w) |
| **e tenh-el** | er/sie hat ihn/sie |
| **e tem-nós** | er/sie hat uns |
| **e tem-nhós** | er/sie hat euch |
| **e tem-ês** | er/sie hat sie (Mz) |

*... an seiner/ihrer Seite*

## Grundform der persönlichen Fürwörter

Die einfache Grundform der persönlichen Fürwörter wird immer nach einem Tätigkeitswort in der Vorvergangenheit oder im Passiv verwendet:

**E odjába-mi.**
*er sehen-[ba]-ich*
Er hatte mich gesehen.

**Nhós ka dádu-el.**
*ihr nicht geben-[du]-er*
Man hat ihn euch nicht gegeben.

Auch stehen sie, wenn dem Tätigkeitswort bereits ein weiteres Suffix nachsteht, bzw. wenn es sich um ein zusätzliches Objekt handelt:

**M-ta mandâ-u-el.**
*ich-[ta] schicken-dir-ihn*
Ich werde ihn dir schicken.

**M-ta mánda Pedru el.**
*ich-[ta] schicken Peter er*
Ich werde ihn Peter schicken.

Weitere Anwendungen finden sich in Verbindung mit den Wörtern mé „selbst" und só „nur":

*Bá und bai werden beide für „gehen" verwendet. Die Unterschiede in der Anwendung sind für den Kauderwelschler vorerst ohne große Bedeutung.*

**M-fasê-l mi-mé.**
*ich-machen-er ich-selbst*
Ich habe es selbst gemacht.

**Bu ta bai bo-só?**
*du [ta] gehen du-nur*
Wirst du ganz allein (dorthin) gehen?

*Ersetzen Sie -mé durch -só und Sie erhalten: „ich allein, du allein, er allein" etc.*

| | |
|---|---|
| **mi-mé** | ich selbst |
| **bo-mé** | du selbst |
| **nhó-mé** | Sie (m) selbst |
| **nha-mé** | Sie (w) selbst |
| **el-mé** | er selbst, sie selbst |
| **nós-mé** | wir selbst |
| **nhós-mé** | ihr selbst |
| **ês-mé** | sie (Mz) selbst |

In der Umgangssprache gilt, dass die einfache Grundform der persönlichen Fürwörter immer gleichbedeutend mit der selbständigen Form verwendet werden kann:

**Mi (a-mi) m-ka konxi Kau Berdi.**
*ich ich-nicht kennen Kap Verde*
Ich kenne Kap Verde nicht.

## Haben & Sein

Das Tätigkeitswort „haben" wird auf Kiriolu normalerweise durch tem wiedergegeben. Es hat dabei meistens auch die Bedeutung „besitzen", und bezieht sich also auf etwas, das einem zeitlich unbegrenzt gehört.

**Tchuka tem dinheru.**
*Tchuka besitzen Geld*
Tschuka hat Geld.

*d. h.: sie ist reich*

Daneben kennt das Kiriolu noch teni „dabei haben, augenblicklich im Besitz sein", das ausdrückt, dass man etwas in einem gegebenen Moment besitzt, dies aber nicht von Dauer sein muss:

**Tchuka teni dinheru.**
*Tchuka haben Geld*
Tschuka hat Geld dabei.

*d. h.: sie hat im Moment Geld dabei*

### Hilfsverb „sein"

Auch „sein" hat auf Kiriolu zwei Entsprechungen. Da ist zuerst das Tätigkeitswort ser, bei dem es sich um das einzige echte unregelmäßige Verb des Kiriolu handelt, denn in der Gegenwart wird aus ser das Ihnen bereits vertraute é. Sowohl ser als auch é werden verwendet, wenn es sich um eine Aussage handelt, die etwas beschreibt, das von langwieriger Dauer ist, bzw. die sich auf etwas Permanentes bezieht:

*d. h.: Sandra ist eine hübsche Frau*

**Sándra ser/é bunita.**
*Sandra sein hübsch*
Sandra ist hübsch.

Ist das Attribut ein Hauptwort, verwendet man fast immer é oder ser:

**Zé é mekániku.**
*Zé sein Mechaniker*
Zé ist Mechaniker.

**Mariâ é pursóra.**
*Maria sein Lehrerin*
Maria ist Lehrerin.

In der Vergangenheit wird ser zu éra:

**Na kel altura, Mariâ éra pursóra.**
*in dieser Zeit Maria war Lehrerin*
Maria war zu dieser Zeit Lehrerin.

Ser ist wie sämtliche schwache Tätigkeitswörter auch mit allen Aspektmarkern kombinierbar (einschließlich der Tatsache, dass es ohne Aspektmarker als eine Form der Vergangenheit verwendet werden kann):

**Um diâ, Mariâ ta ser pursóra.**
*eins Tag Maria [ta] sein Lehrerin*
Eines Tages wird Maria Lehrerin sein.

Ferner hat es die regelmäßige Vorvergangenheitsform serba.

In Verbindung mit é und éra stehen die persönlichen Fürwörter in der einfachen Grundform (mi, bo, el etc.) oder in der selbständigen Form (a-mi, a-bo, a-el etc.).

**Nós é grándi amigu.**
*wir sein groß Freund*
Wir sind gute Freunde.

*Auf Kiriolu ist ein guter Freund ein „großer Freund“:* grándi amigu.

**Nós éra grándi amigu.**
*wir war groß Freund*
Wir waren gute Freunde.

**Sampadjudu ku badiu, a-nós é „kool“!**
*nicht-aus-Santiago mit aus-Santiago wir sein „cool“*
Ob von Santiago oder von einer anderen Inseln, wir (Kapverdier) sind alle Freunde!

*Falls Sie Spanisch oder Portugiesisch sprechen, sollte Ihnen die Unterscheidung zwischen* ser *und* sta *nicht besonders schwer fallen, denn diese Verben entsprechen in etwa* ser *und* estar *in diesen beiden Sprachen.*

Neben ser gibt es außerdem sta „sein“, das in erster Linie einen Zustand ausdrückt, in dem man sich gerade befindet, der aber nicht von Dauer ist:

**Sándra sta bunita ku es bistidu.**
*Sandra sein hübsch mit dieser Kleid*
Sandra ist hübsch mit diesem Kleid.

*d. h.: wenn sie dieses Kleid anzieht, ist Sandra hübsch*

Folgt auf sta eine Ortsbeschreibung, hat es die Bedeutung von „sich befinden“:

**Mariâ sta na Práia.**
*Maria sein in Praia*
Maria ist/befindet sich in Praia.

## Rückbezügliche Tätigkeitswörter

Das Kiriolu kennt im Unterschied zum Deutschen keine rückbezüglichen Tätigkeitswörter:

**E xinta na tchom.**
*er setzen auf Boden*
Er hat sich auf den Boden gesetzt.

**Labánta bu bisti!**
*aufstehen du anziehen*
Steh auf und zieh dich an!

Möchte man dennoch betonen, dass etwas einem selbst geschehen ist, kann man das Wort kabésa „Kopf" als eine Art rückbezügliches Fürwort verwenden:

**Ui! Dja-m korta kabésa!**
*aua! [dja]-ich schneiden Kopf*
Aua! Ich habe mich geschnitten! (aber nicht: Ich habe mir den Kopf abgeschnitten!)

Um Gegenseitigkeit auszudrücken, verwendet man auf Kiriolu den Ausdruck kumpanheru „Gefährte":

**Ês gosta di kumpanheru.**
*sie lieben von Gefährte*
Sie lieben sich.
(d. h.: sie lieben einander)

## Verneinung

Die Verneinung eines Tätigkeitsworts wird gebildet, indem man vor die entsprechende Form das Wörtchen ka stellt. Das persönliche Fürwort steht gewöhnlich vor ka:

**M-gosta di Djom.**
*ich-lieben von Johannes*
Ich liebe Johannes.

**M-ka gosta di Djom.**
*ich-nicht lieben von Johannes*
Ich liebe Johannes nicht.

**M-ta papia purtugés.**
*ich-[ta] sprechen Portugiesisch*
Ich spreche Portugiesisch.

**M-ka ta papia purtugés.**
*ich-nicht [ta] sprechen Portugiesisch*
Ich spreche nicht Portugiesisch.

**Kes katchor ka sata pára di ládra.**
*diese Hund nicht [sata] aufhören von bellen*
Diese Hunde hören nicht auf zu bellen.

Ka steht auch vor ser:

**Nunk-e ka ser pursóra.**
*nie-sie nicht sein Lehrerin*
Sie ist nie Lehrerin gewesen.

Manchmal wird aus ka nur k', wenn darauf ein Tätigkeitswort folgt, das mit einem Selbstlaut beginnt:

**M-dura m-k'odjâ-u!**
*ich-dauern ich-nicht'sehen-du*
Lange nicht [mehr] gesehen!

In Verbindung mit é steht ka jedoch meist hinter dem Tätigkeitswort:

| | |
|---|---|
| **El é spértu.** | **El é ka spértu.** |
| *er sein intelligent* | *er sein nicht intelligent* |
| Er ist intelligent. | Er ist nicht intelligent. |

## Befehlsform

Die Befehlsform (Imperativ) sollte kein großes Problem darstellen. Sie entspricht der Grundform des Tätigkeitsworts, und zwar in allen Personen:

| | |
|---|---|
| **Kánta!** | Sing! |
| **Nhu kánta!** | Singen Sie (m)! |
| **Nha kánta!** | Singen Sie (w)! |
| **Nu kánta!** | Lasst uns singen! |
| **Nhós kánta!** | Singt! |

Bei der Verneinung der Befehlsform stellt man vor die Grundform des Tätigkeitsworts die Verneinungspartikel ka-, gefolgt von einem persönlichen Fürwort-Suffix:

| | |
|---|---|
| **Ka-u kánta!** | Sing nicht! |
| **Ka-nhu kánta!** | Singen Sie (m) nicht! |
| **Ka-nha kánta!** | Singen Sie (w) nicht! |
| **Ka-nu kánta!** | Lasst uns nicht singen! |
| **Ka-nhós kánta!** | Singt nicht! |

## Unbestimmte Fürwörter

Unbestimmte Fürwörter ersetzen – meist im Nebensatz – ein Hauptwort. Sie dienen dabei vor allem zur Kennzeichnung von Personen oder Dingen, die nicht näher bestimmt sind.

| | |
|---|---|
| **num** | kein |
| **nunhum** | keiner (Fürwort) |
| **otu** | anderer |
| **kada** | jeder |
| **omésmu** | sogar |
| **nungem** | niemand |
| **algem** | jemand |
| **algum** | ein (gewisser) |
| **náda** | nichts |
| **tudu** (**kusa**) | alles |
| **tudu kel ki** | alles was |
| **tud'algem** | alle |
| **um** | ein (gewisser) |
| **uma** | einer von diesen, ein bestimmter, ein riesiger |

*Die deutschen Entsprechungen in dieser Tabelle sind männlich. Erinnern Sie sich, dass das Kiriolu in den meisten Fällen keine Unterscheidung des grammatikalischen Geschlechts kennt und diese Formen sich dementsprechend auch auf weibliche Hauptwörter beziehen können.*

**Algem ka sta!**
*jemand nicht sein*
Niemand ist da!

**Um diâ m-ta konsigi tudu kel ki-m kré!**
*eins Tag ich-[ta] erreichen alles dieser dass-ich möchten*
Eines Tages werde ich alles erreichen, was ich möchte.

**Nu teni um idádi.**
*wir haben eins Alter*
Wir haben das gleiche Alter.

Uma wird hier verwendet, um das Objekt im Satz besonders hervorzuheben, es hat nicht mit dem grammatikalischen Geschlecht zu tun:

**Nha bizinhu tem uma katchor**
**ki ta po tud'algem médu.**
*mein Nachbar haben einer-von-dieser Hund*
*wer [ta] setzen alle Angst*
Mein Nachbar hat einen riesigen Hund,
der alle in Angst versetzt.

## Bindewörter

Die Bindewörter werden im Großen und Ganzen wie im Deutschen verwendet, zu den wichtigsten des Kiriolu gehören:

| | |
|---|---|
| **ntom / ontom** | also |
| **kába, aliás** | übrigens |
| **purisu** | deswegen, deshalb |
| **i** | und |
| **ku** | und |
| **má** | aber |
| **nem... nem** | weder ... noch ... |
| **o** | oder, sondern |
| **dispós** | danach, dann |

I und ku bedeuten beide „und“, ihre Anwendung ist jedoch verschieden. Grundsätzlich gilt, dass man „und“ weit weniger benutzt als im Deutschen.

**E bá si kaminhu, m-ka obi nungem ta papia n-el más.**
*er gehen sein Weg ich-nicht hören niemand [ta] sprechen über-er mehr*
Er ist weggegangen und ich habe niemanden mehr über ihn reden hören.

Man verwendet i zur Aufzählung oder, um zwei Aussagen miteinander zu verbinden, aber am häufigsten in Verbindung mit den Zählwörtern:

**kinhéntus-i-dés**
*500-und-zehn*
510

Ku dagegen verbindet Hauptwörter und persönliche Fürwörter. Es hat auch die Bedeutung „mit“:

**A-mi ku el, nu ka mutu gosta di kumpanheru.**
*ich und er wir nicht sehr mögen von Gefährte*
Er und ich, wir verstehen uns nicht sehr gut.

## Verhältniswörter

Grundsätzlich werden nicht alle Verhältniswörter des Kiriolu genau wie im Deutschen gebraucht. Hier die wichtigsten:

| | | | |
|---|---|---|---|
| **bera (di)** | am Rand von, neben(-an von) | **entri** | zwischen |
| **na mei di** | in der Mitte von | **fóra (di)** | außerhalb von, außer |
| **ku** | mit | **ti** | bis |
| **kóntra** | gegen | **pa** | für, durch |
| **déntu** | in, drinnen von | **sem** | ohne |
| **di (d-)** | von | **trándu** | außer |
| **désdi** | seit | **báxu (di)** | unter, drunter |
| **na** | in, auf | **riba / ruba** | auf, über |

*Wie Sie sehen, sind die Verhältniswörter des Kapverdischen und des Deutschen nicht immer identisch.*

**Nu bem di fésta déntu tchuba!**
*wir kommen von Fest in Regen*
Wir sind im Regen vom Fest gekommen!

**Gósi-li, m-sta fóra di skritóri, tilifonâ-m dispós.**
*jetzt-hier ich-sein außerhalb von Büro anrufen-ich nachher*
Ich bin jetzt nicht im Büro, ruf mich später an.

**E sata papia na futibol ku Sándra.**
*er [sata] sprechen in Fußball mit Sandra*
Er ist dabei, mit Sandra über Fußball zu sprechen.

Oft benötigt das Kiriolu kein Verhältniswort, auch wenn das im Deutschen der Fall ist, z. B. in Verbindung mit dem Verb bá (gehen zu/fahren nach):

**M-kré bá Dakár na bárku.**
*ich-möchten gehen Dakar in Schiff*
Ich will mit dem Schiff nach Dakar fahren.

Andere Tätigkeitswörter wiederum benötigen zwingend ein Verhältniswort, wie gosta di „lieben, mögen“:

**Bu gosta di Mariâ?**
*du mögen von Maria*
Liebst du Maria?

**A-mi m-ka gosta di kexu.**
*ich ich-nicht mögen von Käse*
Ich mag Käse nicht.

Nach den Verhältniswörtern steht die einfache Grundform der persönlichen Fürwörter, hier als Beispiel pa (für):

| | | | |
|---|---|---|---|
| **pa mi** | für mich | **pa el** | für ihn/sie |
| **pa bo** | für dich | **pa nós** | für uns |
| **pa nhó** | für Sie (m) | **pa nhós** | für euch |
| **pa nha** | für Sie (w) | **pa ês** | für sie |

**Kel sarabedja é pa nhó!**
*dieser Bier sein für Sie*
Dieses Bier ist für Sie!

## Weitere Verhältniswörter

| | |
|---|---|
| **dispós ki** | nach, nachdem |
| **ántis di** | vor, bevor |
| **purmeru pa** | vor, bevor, zuerst |
| **simé ki** | obwohl |
| **só** | sobald (+ Zukunft) |
| **sima** | sobald (+ Vergangenheit) |
| **tóki / ti** | bis |
| **mésmu ki** | selbst wenn |
| **sikré** | selbst wenn |
| **pamódi** | weil |
| **só ma** | vorausgesetzt, dass |
| **dja ki** | da |
| **nem si** | sogar, trotzdem |
| **óki** | wenn (+ Zukunft) |
| **kántu (ki)** | als, wenn (+ Vergangenheit) |
| **ma** | dass |
| **pa** | dass, damit |
| **si** | falls, wenn |

**Ántis di nu bá pa ésta, nu toma um grógu purmeru nu kunsa bai.**
*vor von wir gehen für Fest wir trinken eins Schnaps zuerst wir gleich-tun gehen*
Bevor wir auf das Fest gehen, trinken wir einen Schnaps und dann geht's los.

**Sikré bu ka ta papia kiriolu, bu podi pása sábi na Kau Berdi.**
*selbst-wenn du nicht [ta] sprechen Kiriolu du können verbringen angenehm in Kap Verde*
Selbst wenn du nicht Kiriolu sprichst, kannst du Kap Verde genießen.

**Nem si seu fra rótcha romba, m-ka ta bai!**
*trotzdem wenn Himmel durchlöchern Fels zusammenbrechen ich-nicht [ta] gehen*
Selbst wenn mir der Himmel auf den Kopf fallen würde, ich werde nicht dorthin gehen!

Só und sima werden mit „sobald“ übersetzt. Só wird allerdings immer mit einem Tätigkeitswort in der Zukunft verwendet:

**Só m-tchiga kása, m-ta liga pa nha mai.**
*sobald ich-ankommen Haus ich-[ta] anrufen für mein Mutter*
Sobald ich zu Hause angekommen bin, werde ich meine Mutter anrufen.

Sima dagegen verwendet man mit einem Tätigkeitswort in der Vergangenheit:

**Sim-e entra, e kóri p-e bá djobi kusé ki stába na jilera.**
*sobald-er hereinkommen er laufen für-er gehen sehen was dass sein-[ba] in Kühlschrank*
Sobald er hereingekommen war, ist er schnell nachsehen gegangen, was es im Kühlschrank gab.

Óki und kántu (ki) haben beide die Bedeutung „wenn“ oder „als“, sie werden aber ebenfalls unterschiedlich verwendet. Geschieht etwas wahrscheinlich in der Zukunft, verwendet man óki:

**Óki-m bá Práia, m-al papia ku Djom.**
*wenn-ich gehen Praia ich-[al] sprechen mit Johannes*
Wenn ich nach Praia fahre, werde ich vielleicht mit Johannes sprechen.

Bezieht es sich auf die Vergangenheit, verwendet man kántu (ki):

**Kántu ki-m tchiga, dja stába dés óra di noti.**
*wenn dass-ich ankommen schon sein-[ba] zehn Stunde von Nacht*
Als ich angekommen bin, war es schon zehn Uhr abends.

Pa und ma übersetzt man auf Deutsch durch „dass“; der Unterschied liegt in der Anwendung. Pa verwendet man nach Verben des Wollens wie kré:

**M-kré p-e bem gósi-li.**
*ich-möchten dass-er kommen jetzt-hier*
Ich möchte, dass er sofort kommt.

NQ

In Verbindung mit den persönlichen Fürwörtern, verändert sich pa wie folgt (auch in seiner Bedeutung):

| | |
|---|---|
| **pa-m bem** | damit ich komme |
| **pa-u bem** | damit du kommst |
| **pa-nhu bem** | damit Sie (m) kommen |
| **pa-nha bem** | damit Sie (w) kommen |
| **p-e bem** | damit er/sie kommt |
| **pa-nu bem** | damit wir kommen |
| **pa-nhós bem** | damit ihr kommt |
| **p-ês bem** | damit sie (Mz) kommen |

**Ka ta da pa-m tráta d-es asuntu.**
*nicht [ta] geben für-ich behandeln*
*von-dieser Angelegenheit*
Ich werde mich nicht um diese Angelegenheit kümmern können.

Ma dagegen verwendet man nach Aussageverben, wie z. B. splika „erklären“:

**E splikâ-l ma kel-li ka ta fasedu na si téra.**
*er erklären-ihm dass dieser-hier nicht [ta]*
*machen-[du] in sein Land*
Er hat ihm erklärt, dass man dies in seinem Land nicht machen würde.

Wenn-Sätze bildet man auf Kiriolu mit si „falls, wenn“. In Verbindung mit den persönlichen Fürwörtern verändert es sich folgendermaßen:

# Verhältniswörter

*Die Verhältniswörter* ántis di, óki, tóki *sowie* ki *folgen ebenfalls diesem Modell auf* -i.

| | |
|---|---|
| **si-m bem** | falls ich komme |
| **s-u bem** | falls du kommst |
| **si-nhu bem** | falls Sie (m) kommen |
| **si-nha bem** | falls Sie (w) kommen |
| **s-e bem** | falls er/sie kommt |
| **si-nu bem** | falls wir kommen |
| **si-nhós bem** | falls ihr kommt |
| **s-ês bem** | falls sie (Mz) kommen |

*Handelt es sich um einen realen Wenn-Satz, steht das erste Tätigkeitswort in der Grundform und das zweite ebenfalls in der Grundform, im Imperativ oder mit* ta.

**Si bu tem um fidju fémia,**
**ka-bu dexâ-l na sála di bádju!**
*falls du haben eins Kind weiblich*
*nicht-du lassen-sie in Saal von Tanz*
Falls du eine Tochter hast,
lasse sie nicht [allein] zum Ball gehen!

**S-e trabádja, e ta konsigi.**
*falls-er arbeiten er [ta] erreichen*
Wenn er arbeitet, wird er Erfolg haben.

Bei irrealen Sätzen dagegen steht sowohl das erste, als auch das zweite Tätigkeitswort in der Vorvergangenheit (auf -ba):

**S-e trabadjába, e ta konsigiba.**
*falls-er arbeiten-[ba] er [ta] erreichen-[ba]*
Wenn er gearbeitet hätte, hätte er Erfolg gehabt.

**Si Mariâ studába más tcheu,**
**oxi e ta serba pursóra.**
*falls Maria studieren-[ba] mehr viel*
*heute sie [ta] sein-[ba] Lehrerin*
Wenn Maria mehr studiert hätte,
wäre sie heute Lehrerin.

## Fragewörter

Die Fragewörter sind notwendig, um Satzfragen zu bilden, also solche, die einen vollständigen Satz als Antwort verlangen.

| | |
|---|---|
| **kántu?** | wie viel? |
| **módi?** | wie? |
| **pa kê?** | wofür?, wozu? |
| **kal?** | welcher/welche? |
| **kas?** | welche? (Mz) |
| **undi?** | wo? |
| **pamódi?** | warum? |
| **ki témpu?** | wann? |
| **ki?** | welcher/welche? |
| **kenha, kem?** | wer? |
| **kusé?** | was? |

*Das Fragewort steht normalerweise am Satzanfang:*

**Pamódi bu ka tilifonâ-m?**
*warum du nicht telefonieren-ich*
Warum hast du mich nicht angerufen?

**Módi bu tchoma?**
*wie du heißen*
Wie heißt du?

Ausnahmen bilden Sätze, in denen das Tätigkeitswort ser vorkommt – hier steht das Fragewort nach diesem:

**É kenha?**
*sein wer*
Wer ist das?

**M-ka sabi é kenha.**
*ich-nicht wissen sein wer*
Ich weiß nicht, wer das ist.

## Fragewörter

Einsilbigen Fragewörtern folgt fast immer die Partikel ki „dass“:

| | |
|---|---|
| **Kem k-u odja?** | **Kal k-u kré?** |
| *wer dass-du sehen* | *welcher dass-du möchten* |
| Wen hast du gesehen? | Welchen willst du? |

*Nur wenn man überhaupt keine nähere Vorstellung von einer möglichen Antwort hat, kann man* ki témpu? *verwenden.*

Auf Kiriolu gibt es keine echte Entsprechung des Frageworts „wann?“. Man drückt dies gewöhnlich in Verbindung mit Hilfe spezifischerer Hauptwörter aus: ki ánu? „in welchem Jahr?“; ki més? „in welchem Monat?“; ki diâ? „an welchem Tag?“; ki óra? „zu welcher Uhrzeit?“ etc.

In der Gegenwart steht das Fragewort undi? „wo?“ meist allein ohne das Verb sta „sein, sich befinden“:

**Undi Djom?**
*wo Johannes*
Wo ist Johannes?

Außerdem tritt undi? häufig in Verbindung mit den persönlichen Fürwörtersuffixen auf:

| | |
|---|---|
| **undê-m?** | Wo bin ich? |
| **undê-u?** | Wo bist du? |
| **undê-l?** | Wo ist er/sie? |
| **undi-nhó** | Wo sind Sie (m)? |
| **undi-nha** | Wo sind Sie (w)? |
| **undê-nu?** | Wo sind wir? |
| **undi-nhós?** | Wo seid ihr? |
| **undê-s?** | Wo sind sie? |

Undi gibt es auch als Tätigkeitswort, es heißt „besuchen“:

**Óki-m pása pa Kau Berdi, m-ta bá undê-u.**
*wenn-ich fahren für Kap Verde*
*ich-[ta] gehen besuchen-dich*
Wenn ich nach Kap Verde fahre,
werde ich dich besuchen.

## Relativsätze

Relativsätze sind solche Sätze, die durch ein Fürwort eingeleitet werden, das sich auf ein vorhergehendes Hauptwort oder ein persönliches Fürwort bezieht. Im Kiriolu werden Relativsätze normalerweise durch ki „der, die, welcher, welche“ eingeleitet:

**A-mi m-gosta d'algem ki ta kumpri si palábra.**
*ich ich-mögen von'jemand der [ta] erfüllen sein Wort*
Ich liebe Leute, die Wort halten.

**É kel minina ki-m odja ónti na Práia.**
*sein diese Mädchen welche-ich sehen gestern in Praia*
Das ist dieses Mädchen, das ich gestern in Praia gesehen habe.

**Ómi ki-m papia ku el tchoma Djom.**
*Mann welcher-ich sprechen mit er heißen Johannes*
Der Mann, mit dem ich gesprochen habe, heißt Johannes.

*Wie Sie sehen, hat* ki *viele Bedeutungen, so kennen Sie es bereits aus dem Kapitel Steigern & Vergleichen („als“), aber auch als „dass“.*

## Wichtige Füllwörter

Füllwörter stellen in jeder Sprache eine Besonderheit dar, da sie das „Pfeffer und Salz" ausmachen, durch sie wird ein Gespräch lebhaft und authentisch. Versuchen Sie sich diese Begriffe also besonders gut einzuprägen und wenden Sie sie ruhig häufig an.

| | |
|---|---|
| **simé** | so |
| **a-si / si** | so, auf diese Weise |
| **bem / bom** | gut |
| **dretu** | gut, richtig |
| **djuntu** | zusammen |
| **própi** | genau, wirklich |
| **dibagár** | langsam |
| **mal** | schlecht |
| **talbés** | vielleicht |
| **só** | nur |
| **fáxi** | schnell |
| **mé** | wirklich |

**Papia más dibagár!**
*sprechen mehr langsam*
Sprechen Sie langsamer!

**Talbés m-ta tchiga manham.**
*vielleicht ich-[ta] ankommen morgen*
Ich werde vielleicht morgen ankommen.

# Zahlen & Zählen

Die Zahlen des Kiriolu sind im Großen und Ganzen identisch mit denen des Portugiesischen, wenn auch die Aussprache oftmals abweicht.

## Grundzahlen

| | | | |
|---|---|---|---|
| 0 | **zéru** | 13 | **treizi** |
| 1 | **um** | 14 | **katorzi** |
| 2 | **dós** | 15 | **kinzi** |
| 3 | **trés** | 16 | **dizasax, dizaséx** |
| 4 | **kuátu** | 17 | **dizaséti** |
| 5 | **sinku** | 18 | **dizoitu** |
| 6 | **sax, séx** | 19 | **dizanóvi** |
| 7 | **séti** | 20 | **vinti** |
| 8 | **oitu** | 21 | **vinti-um** |
| 9 | **nóvi** | 22 | **vinti-dós** |
| 10 | **dés** | 23 | **vinti-trés** |
| 11 | **ónzi** | 30 | **trinta** |
| 12 | **duzi** | 31 | **trinti-um** |

*Wie Sie sehen, ist die Kombination aus Zehnern und Einern äußerst einfach, wenn auch genau andersherum als im Deutschen. Für alle Kombinationen von 21-99 und darüber hinaus, sehen Sie sich die Seitenzahlen an.*

| | | | |
|---|---|---|---|
| 40 | **koréntа** | 300 | **trezéntus** |
| 50 | **sunkuénta** | 400 | **kuátuséntus** |
| 60 | **saséntа** | 500 | **kinhéntus** |
| 70 | **saténta** | 600 | **saiséntus** |
| 80 | **oiténta** | 700 | **sétuséntus** |
| 90 | **novénta** | 800 | **oituséntus** |
| 100 | **sem** | 900 | **nóviséntus** |
| 101 | **senti-um** | 1 000 | **mil** |
| 200 | **duzéntus** | 1 001 | **mili-um** |
| 201 | **duzéntus-i-um** | | |

| | |
|---|---|
| 500 000 | **kinhéntus mil** |
| 1 000 000 | **mil mil, um miliom** |
| 1 000 000 000 | **um biliom** |

| | |
|---|---|
| 1460 | **mili-kuátuséntus-i-sasénta** |
| 1848 | **mili-oituséntus i-koréntа-oitu** |
| 2007 | **dós mili-séti** |

Erinnern Sie sich daran, dass nach einem Zahlwort das Hauptwort in der Einzahl steht:

Armum *„Bruder" kann auch „Schwester" oder auch allgemein „Geschwister" heißen.*

**Néla tem kuátu armum.**
*Néla haben vier Bruder*
Néla hat vier Brüder.

Das Zahlwort kuátu zeigt klar, dass es sich um mehrere Personen handelt, folglich muss man die Mehrzahl von armum nicht benutzen.

**Tem más di ki um miliom di kiriolu na mundu.**
*haben mehr von als eins Million von Kreole in Welt*
Es gibt in der Welt mehr als eine Million Kapverdier.

## Ordnungszahlen

| | |
|---|---|
| **purmeru** | erste(-r) |
| **sugundu** | zweite(-r) |
| **tirseru** | dritte(-r) |
| **kuártu** | vierte(-r) |
| **ultimu, últimu** | letzte(-r) |

Die Ordnungszahlen sind unveränderlich:

**Nha purmeru mudjer tchomába Mariâ.**
*meine erste Frau heißen[-ba] Maria*
Meine erste Frau hieß Maria.

Ab fünf gibt es keine gesonderte Form für Ordnungszahlen, man benutzt die Grundzahlen:

**E mora na andár numbru dés.**
*er wohnen in Stockwerk Nummer zehn*
Er wohnt im zehnten Stock.

**Kel libru-li é vinti libru ki-m lé na nha bida.**
*dieser Buch-hier sein zwanzig Buch das-ich lesen in mein Leben*
Dieses Buch ist das Zwanzigste, das ich in meinem Leben gelesen habe.

### Bruchzahlen & Unterteilungen

| | |
|---|---|
| **metádi** | Hälfte |
| **mei** | halb |
| **imeiu** | (und) halb |
| **pár** | Paar |
| **dusia / duzia** | Dutzend |
| **purséntu / na (kada) sem** | Prozent |
| **um na (kada) trés** | ein Drittel |
| **um na (kada) kuátu** | ein Viertel |
| **um na (kada) dés** | ein Zehntel |

**Bá pilorinhu bu kumprâ-m mei-litru leti!**
*gehen Markt du kaufen-ich halb-Liter Milch*
Geh auf den Markt und kauf mir einen halben Liter Milch!

**Da-m um dusia d'óbu.**
*geben-ich eins Dutzend von'Ei*
Gib mir ein Dutzend Eier.

### Wörter des Ausmaßes

*Kapverdier kennen eine Menge Wörter, um das Ausmaß eines Eigenschaftwortes möglichst genau zu beschreiben. Kein Wunder, denn Übertreibungen sind dabei keine Seltenheit. Versuchen Sie es selbst!*

| | |
|---|---|
| **tcheu** | viel |
| **más poku** | weniger |
| **poku** | wenig |
| **más (tcheu)** | mehr |
| **mutu** | sehr |
| **dimâs** | zu viel |

**Oxi kau sta mutu kenti!**
*heute Ort sein sehr heiß*
Heute ist es hier sehr heiß!

**A-bo é malándru!**
**Bu ka kré trabádja más tcheu!**
*du sein faul du nicht wollen arbeiten mehr viel*
Du bist faul! Du möchtest nicht mehr arbeiten!

# Zeit & Datum

Im Folgenden die wichtigsten der allgemeinen Zeit- und Datumsangaben

## Die Uhrzeit

Nach der Uhrzeit fragt man auf Kiriolu folgendermaßen:

**Kant'óra ki sta?**
*wie-viel'Stunde dass sein*
Wie viel Uhr ist es?

**Kant'óra bu teni?**
*wie-viel'Stunde du haben*
Hast du die Uhrzeit?

Für die Antwort benutzt man das Wort óra (Stunde), das für die vollen Stunden wie folgt verwendet wird:

**Sta duâs óra.**
*sein zwei Stunde*
Es ist zwei Uhr.

**Sta sax óra mpontu.**
*sein sechs Stunde in-Punkt*
Es ist Punkt sechs Uhr.

Für die genauere Unterteilung in Viertel, Halb usw. behilft man sich mit folgenden Wörtern, auch in Verbindung mit i- oder n- (beide „und-"):

| | |
|---|---|
| **imeia** | Halb |
| **nkuártu** | Viertel |
| **sinku / dés / vinti** | fünf / zehn / zwanzig Min. |

**Sta duâs óra nkuártu.**
*sein zwei Stunde und-Viertel*
Es ist Viertel nach zwei.

**Sta séti óra imeia**
*sein sieben Stunde und-Hälfte*
Es ist halb acht.

*Wie im Deutschen wird in der Umgangssprache meistens auf das Wort* óra *(Stunde) verzichtet.*

**Sta oiti vinti.**
*sein acht zwanzig*
Es ist zwanzig nach acht.

**Sta dés imeia.**
*sein zehn und-Hälfte*
Es ist halb elf.

Bei Angaben über eine halbe Stunde verwendet man pa (für):

**Sta vinti pa uma.**
*sein zwanzig für eine*
Es ist zwanzig vor eins.

**Sta um kuártu pa trés.**
*sein ein Viertel für drei*
Es ist Viertel vor drei.

*Armband- oder Wanduhr*

*Übrigens* kel óra *heißt „jetzt gleich", „sofort" oder „unverzüglich".*

| | |
|---|---|
| **luróxi** | Uhr |
| **déntu d'óra / na óra sértu** | pünktlich |
| **diantádu** | zu früh |
| **atrazádu** | zu spät |
| **meidiâ** | Mittag |
| **mianoti** | Mitternacht |
| **óra** | Stunde |
| **um'óra** | ein Uhr |
| **duâs óra** | zwei Uhr |
| **minotu** | Minute |
| **sugundu** | Sekunde |

Grundsätzlich werden nur die Zahlen von eins bis zwölf verwendet. Die einzige Ausnahme bildet 12 bzw. 24 Uhr (siehe Tabelle). Um die Uhrzeit näher zu bestimmen, verwendet man die Ausdrücke morgens, nachmittags oder abends.

| | | |
|---|---|---|
| **di mardugáda** | frühmorgens | *(vor Tagesanbruch)* |
| **di parmanham** | morgens | *(Tagesanbruch-Mittag)* |
| **di (párti) tárdi** | nachmittags | *(bis zum Einbruch der Dunkelheit)* |
| **di noti** | abends | |

**Oxi, m-labánta trés óra di mardugáda: purisu ki-m sta kansádu!**
*heute ich-aufstehen drei Stunde von Morgen deswegen dass-ich sein müde*
Ich bin heute um drei Uhr morgens aufgestanden, deshalb bin ich müde!

## Wochentage

| | |
|---|---|
| **sumána** | Woche |
| **diâ** | Tag |
| **sugunda-fera** | Montag |
| **térsa-fera** | Dienstag |
| **kuárta-fera** | Mittwoch |
| **kinta-fera** | Donnerstag |
| **sésta-fera** | Freitag |
| **sábru** | Samstag |
| **diâ dimingu** | Sonntag |

*Früher begann die Woche mit dem Sonntag, daher ist in diesem – eigentlich aus dem Portugiesischen übernommenen – System der Montag der „zweite Tag"* sugunda-fera, *der Dienstag der „dritte"* térsa-fera *usw.*

## Monate

| | | | |
|---|---|---|---|
| **ánu** | Jahr | **més** | Monat |
| **Janeru** | Januar | **Febreru** | Februar |
| **Mársu** | März | **Abril** | April |
| **Máiu** | Mai | **Djunhu** | Juni |
| **Djuldju** | Juli | **Agostu** | August |
| **Setémbru** | September | **Oitubru** | Oktober |
| **Nobémbru** | November | **Dizémbru** | Dezember |

## Weitere wichtige Zeitangaben

| | |
|---|---|
| **otramanham** | übermorgen |
| **trizotramanham** | überübermorgen |
| **oxi** | heute |
| **um bés** | früher |
| **ántis (di)** | vor, vorher |
| **purmeru pa** | bevor, vor |
| **ónti** | gestern |
| **ontónti** | vorgestern |
| **trizontónti** | vorvorgestern |
| **lógu** | bald |
| **(más) purmeru** | zuerst |
| **manham** | morgen |
| **dispós** | dann, danach |
| **ka dura** | vor kurzem |
| **ánu pasádu** | letztes Jahr |
| **oránu pasádu** | vor zwei Jahren |
| **trizoránu pasádu** | vor drei Jahren |
| **gósi** | jetzt |
| **séklu, séku** | Jahrhundert |
| **tárdi** | spät |
| **sédu** | früh |
| **kel óra** | jetzt gleich, sofort |
| **gósi-li** | gleich, im Augenblick |

**Manham nu fika di bá buáti.**
*morgen wir bleiben von gehen Disko*
Wir werden morgen in die Disko gehen.

**Zinhu kré bá ku nós?**
*Josef möchten gehen mit wir*
Will Josef mit uns kommen?

**M-ta tilifonâ-l gósi-li.**
*ich-[ta] anrufen-er jetzt-hier*
Ich rufe ihn gleich an.

**Um bés, bid'éra más sábi!**
*eins Mal Leben'war mehr angenehm*
Früher lebte man besser (als heute)!

Die Häufigkeit einer Handlung drückt man durch die folgenden Wörter aus:

| | |
|---|---|
| **nunka** | nie |
| **albés** | manchmal |
| **manenti** | mehrmals |
| **um bés bai** | andauernd |
| **tcheu bés** | oft, häufig |
| **sempri** | immer |
| **tud'óra** | die ganze Zeit, immer |
| **um / dós / trés bés** | ein / zwei / drei Mal |

**A-bo bu sta sempri bo-só déntu kása!**
*du du sein immer du-allein in Haus*
Du bist immer allein zu Hause!

**Es pineu é di kel bom ki bali: nunk-e ka ta fra!**
*dieser Reifen sein von dieser gut dass wert-sein nie-er nicht [ta] Loch-machen*
Dieser Reifen ist von ausgezeichneter Qualität, er platzt nie!

Hiermit haben Sie den Grammatikteil bewältigt – Gratulation! Jetzt fängt der Konversationsteil an, in dem spezifische Situationen, die bei einer Reise auf den Kapverdischen Inseln wichtig sein können, durchgenommen werden.

JE

# Kurz-Knigge

Die Kapverdischen Inseln sind schon seit einigen Jahren ein beliebtes Urlaubsziel, und zwar sowohl für Portugiesen und Italiener, als auch, vor allem in letzter Zeit, verstärkt für Deutsche, Österreicher, Schweizer und viele andere. Der Tourismus spielt sich aber vor allem an den Küsten der Inseln ab, und daher kommt man, insbesondere abseits der Badeorte und im Landesinneren, noch mit der echten einheimischen Bevölkerung in Kontakt. Gerade in den kleinen Dörfern in den Bergen hält man noch sehr an den alten Gebräuchen Traditionen fest. Speziell die älteren Menschen sind streng katholisch. Zum Umgang mit den „echten" Kapverdiern seien hier einige Tipps und Informationen gegeben, mit denen man etwaige Fettnäpfchen vermeiden kann.

Grundsätzlich muss gesagt werden: die Kapverdier sind kein geheimnisvolles, exotisches Urvolk – wenn dies auch von einigen Reiseveranstaltern so verkauft wird – sondern durch Südwesteuropa und Westafrika geprägte, meist sehr weltoffene und äußerst liebenswerte Menschen, und daher macht man mit freundlich-gepflegten Umgangsformen, wie man sie aus der Heimat kennt, sicher nichts verkehrt. Wer sich so verhält, wie er es zu Hause tut, der wird wohl keine nennenswerten Probleme haben.

Natürlich gibt es einige wichtige Punkte, die die Kapverdier von deren Nachbarn auf dem Festland unterscheiden, denn sie sind Insulaner und daher daran gewöhnt einen kleinen Mikrokosmos für sich allein zu beherrschen. Durch die bewegte Geschichte des Archipels herrscht heute ein ausgeprägtes **Freiheits- und Nationalbewusstsein,** das sich gegen zu viele Einflüsse von außen richtet. Wer die Kapverdischen Inseln das erste Mal besucht, wird den Eindruck gewinnen es mit einer stolzen Bevölkerung zu tun zu haben und dementsprechend sollte man Verständnis und Interesse für die eigenständige Kultur dieses schönen Landes mitbringen. Durch die Tatsache, dass Sie sich die Mühe machen, Kiriolu zu sprechen, werden Sie immer als interessierter Reisender angesehen und man wird Sie sicherlich nicht als Eindringling wahrnehmen.

**Kapverdier sind Südländer,** und das bedeutet, das vieles einfach lockerer gehandhabt wird. Man isst später, nimmt es mit der Pünktlichkeit nicht so genau, man ist flexibel, beißt sich nicht an Kleinigkeiten fest und schaltet einfach gerne mal einen Gang runter. Sich zu beschweren, wenn mal etwas nicht ganz so präzise und flott wie daheim abläuft, bringt gar nichts und löst nur Unverständnis aus. Also immer mit der Ruhe!

Ganz wichtig ist außerdem die **Familie,** zu der meist viel mehr Personen gehören, als das bei uns der Fall ist. Nicht selten leben neben den Eltern und Kindern auch noch die Groß-

JE

eltern mit unter einem Dach und oft ist auch noch der ein oder andere Verwandte auf Besuch. Übrigens ist es für kapverdische Jugendliche durchaus üblich, bis zur Heirat bei den Eltern zu leben.

Die Einheimischen sind außerdem fast immer gastfreundlich. Man interessiert sich füreinander und sucht die menschliche Wärme. Seien Sie also nicht scheu und plaudern Sie mit Ihren Gastgebern.

**Frauen** können unproblematisch allein auf den Kapverdischen Inseln reisen, sollten es aber vermeiden zu trampen oder sich gerade nachts auf unbeleuchteten Straßen zu bewegen. Man macht als Frau auch nichts verkehrt, wenn man sich nicht zu aufreizend kleidet. Nacktbaden ist auf den Inseln immer noch unüblich.

Speziell bei einem **Kirchenbesuch** sollte man unbedingt auf eine dezente Erscheinungsweise achten, immer lange Kleidung tragen und die Schultern stets bedeckt halten.

## Begrüßen & Verabschieden

*Speziell in den ländlichen Gegenden der Inseln und vor allem auch im bergigen Landesinneren ist es üblich, Kontakt mit den Einheimischen aufzunehmen, und oftmals ist ein kurzer Plausch über meist banale Kleinigkeiten geradezu obligatorisch! Seien Sie offen gegenüber diesem „Smalltalk" und üben Sie sich in Ihren Sprachkenntnissen.*

Die Begrüßung ist der Schlüssel zur Seele eines Menschen. Gerade im Kiriolu ist dieser Satz besonders zutreffend, denn durch die Begrüßung in der Muttersprache der Einheimischen bezeugen Sie wahres Interesse an deren Lebensgewohnheiten. Sie identifizieren sich dadurch mit dem Gastgeber und seiner Kultur. Es gibt eine Reihe von Begrüßungsfloskeln, von denen nachfolgende die wichtigsten sind:

**Bom diâ!**
*gut Tag*
Guten Tag!
(morgens bis mittags)

**Bo tárdi!**
*gut Nachmittag*
Guten Tag!
(nachmittags bis zum Sonnenuntergang)

**Bo noti!**
*gut Nacht*
Guten Abend!;
Gute Nacht!

**Ti sédu!**
*bis früh*
Gute Nacht!;
Bis morgen!

*Danach erkundigt man sich nach der Gesundheit seines Gesprächspartners.*

**Es bida?**
*dieser Leben*
Wie geht's?

**Es korpu?**
*dieser Körper*
Wie geht's?

**É módi?**
*sein wie*
Wie geht's?

**Moki sata fládu?**
*wie-dass [sata] sagen-wird*
Was gibt's Neues?

Die Antwort darauf lautet meistens:

*Sie wissen ja schon, dass im Kiriolu nicht häufig gesiezt wird. Daher haben wir auch in den folgenden Beispielsätzen des Konversationsteils die Duzform gewählt.*

**Alê-m li dretu. A-bo é módi?**
*hier-ich hier richtig du sein wie*
Es geht mir gut. Und dir?

Nach dem Aufstehen fragt man:

**Moki bu manxi?**
*wie du aufstehen*
Hast du gut geschlafen?

Die Antwort darauf ist:

**M-manxi bom. A-bo?**
*ich-aufstehen gut du*
Ich habe gut geschlafen. Und du?

Traditionell sagt man vor dem Schlafengehen:

**Dés dá-nu bo noti!**
*Gott geben-wir gut Nacht*
Möge uns Gott eine gute Nacht bescheren!

**Dés manxê-nu ku pás!**
*Gott aufstehen-lassen-wir mit Frieden*
Möge Gott uns in Frieden erwachen lassen!

Möchte man sich verabschieden, sagt man:

**Dja-m bai!**
*[dja]-ich gehen*
Ich gehe jetzt!

**Xa-m purbeta bai!**
*lassen-ich profitieren gehen*
Ich muss gehen.

Die wichtigsten Verabschiedungsfloskeln sind:

**Fórsa!**
*Kraft*
Alles Gute!

**Fika bom / fixi / dretu!**
*bleiben gut / super / richtig*
Mach's gut!

**Ti lógu / dispós!**
*bis dann / nachher*
Bis später!

**Ti más um poku!**
*bis mehr eins wenig*
Bis gleich!

**Tóki-nu torna odja.**
*bis-dass-wir wieder sehen*
Auf Wiedersehen!

**Tchau!**
Tschüss! / Ciao!

**Tók-u torna bem / parsi.**
*bis-dass-du wieder kommen / erscheinen*
Bis zum nächsten Mal!

**Ti manham!**
*bis morgen*
Bis morgen!

**Ti otu diâ.**
*bis anderer Tag*
Bis zum nächsten Treffen!

Oftmals sagt man zum Abschied außerdem:

**Da gentis mantenha!**
*geben Familie Gruß*
Grüße an deine Familie!

**Diós bá bu diánti!**
*Gott gehen du nach-vorne*
Möge Gott mit dir sein!

# Die Anrede

Kapverdier sind pragmatisch veranlagt und daher ist die Anrede niemals übertrieben höflich. Möchte man die Aufmerksamkeit von jemandem auf sich ziehen, sagt man:

**Obi-li!**
*hören-hier*
Hör mal! / He du!

**Pisiu!**
*psst*
Hey!

**Obi-li! Ta da pa-u fla-m undi ki kureiu sta?**
*hören-hier! [ta] geben für-du sagen-ich wo dass Post sich*
He du! Kannst du mir sagen, wo die Post ist?

Freunde oder Bekannte redet man grundsätzlich mit ihrem Vornamen an:

**É módi Pedru? Bu ka odja Mariâ?**
*sein wie Peter du nicht sehen Maria*
Wie geht's, Peter? Hast du Maria nicht gesehen?

JE

## Bitten & Danken

Das Wort „bitte“ gebraucht man auf den Kapverdischen Inseln viel seltener als in Europa. Das liegt daran, dass der Umgang damit ein anderer ist und dadurch verschiedene Floskeln für die Einheimischen einfach unnötig sind. Es versteht sich von selbst, dass man um etwas bittet und nicht einfach verlangt.

*Da, wo wir ein „bitte“ erwarten, ist dies auf Kiriolu häufig viel zu übertrieben höflich bzw. formell. Nehmen Sie das Ihrem Gesprächspartner nicht übel!*

**Fabor / favor.**
Bitte.

**Bu podi djudâ-m, fabor?**
*du können helfen-ich bitte*
Kannst du mir bitte helfen?

Für „danke“ gibt es im Kiriolu eine Entsprechung, und zwar das aus dem Portugiesischen entlehnte obrigádu. Auch hier gilt, dass der Gebrauch der Einheimischen nicht immer mit unserem übereinstimmt.

*So bedankt man sich überschwänglich bei einem Beamten, der sich stur stellt und genau das, was man will, nicht erfüllt. Lädt man aber Freunde zum Essen in ein Restaurant ein, wartet man oft vergeblich auf ein Dankeschön.*

**(Mutu) obrigádu.**
Danke (sehr).

**Diós ta pagâ-u!**
*Gott [ta] bezahlen-du*
Gott möge es dir vergelten!

Darauf antwortet man:

**Ke-li é ka náda.**
*dieser-hier sein nicht nichts*
Gern geschehen.

**Obrigádu ka mesti fla.**
*danke nicht sein-notwendig sagen*
Nichts zu danken.

**Obrigádu mi!**
*danke ich*
Ich danke!

**Mi ki ta fikâ-u obrigádu!**
*ich dass [ta] bleiben-du danke*
Ich habe zu danken! (= Wenn jemand zu Dank verpflichtet ist, bin ich es!)

Im Kiriolu gibt es einen Spruch, der klar die Beziehung der Inselbewohner zum Danken und dem Begriff „danke“ ausdrückt:

**Obrigádu ka ta poi na panéla!**
*danke nicht [ta] hinein-geben in Kochtopf*
Einen Dank kann man nicht essen!

*(= nur weil du „danke“ sagen kannst, bist du noch kein guter Mensch!)*

## Floskeln & Redewendungen

Den speziellen Schliff in einer Sprache bekommt man durch Floskeln und Redewendungen. Die wichtigsten und häufigsten des Kiriolu seien hier aufgeführt. Für „Entschuldigung“ gibt es mehrere Floskeln:

**Diskulpâ-m!**
Entschuldigung!

**Purdom!**
Verzeihung!

**Da-m lisénsa.**
*geben-ich Erlaubnis*
Mit deiner Erlaubnis.

*Man sagt* da-m lisénsa, *wenn man durch eine Menschenmenge gehen will und sich Platz verschaffen muss, oder wenn man vom Esstisch aufsteht.*

**Diskulpâ-m, m-ka masâ-u pé di kázu!**
*entschuldigen-ich ich-nicht zerdrücken-du Fuß von extra*
Entschuldige, ich bin dir nicht absichtlich auf die Füße getreten!

Und so gratuliert man:

**Bu sta di grándi!**
*du sein von groß*
Glückwunsch!

Etwas jemandem anbieten:

**Toma!**
*nehmen*
Willst du davon?

Merken Sie sich diesen „Satz" gut, denn er spiegelt viel über die Kapverdier wieder und unterscheidet sich folglich in der Anwendung ziemlich vom deutschen Duktus. Würden Sie einen Kapverdier fragen bu kré? „möchtest du (dieses)?", könnte er sich beleidigt fühlen, denn eine positive Antwort auf diese Frage würde zeigen, dass es ihm an Respekt und Bescheidenheit fehlt. Er würde somit vor Ihnen sein Gesicht verlieren und Sie würden als geizig gelten, da man voraussetzt, dass Sie die Frage vielleicht bewusst so gestellt haben, um ihn zum Nein sagen zu bewegen. Die einzig geeignete Art jemandem etwas anzubieten, ist auf Kiriolu folglich die Befehlsform: toma!

Möchte man etwas akzeptieren oder ablehnen, helfen dabei folgende Wörter:

**Aiam / sim.**
Ja.

**Nau.**
Nein.

**D'akordu.**
Einverstanden.

**Sta bom / dretu.**
*sein gut / richtig*
Das ist gut!; Das kann gehen!

**M-ka kré.**
*ich-nicht möchten*
Ich will nicht.

**Ka ta da.**
*nicht [ta] geben*
Das klappt nicht. /
Das ist nicht möglich.

**Bu kré bá sinéma ku mi?**
*du möchten gehen Kino mit ich*
Willst du mit mir ins Kino gehen?

**Ka ta da, pamódi m-teni tcheu trabádju.**
*nicht [ta] geben weil ich-haben viel Arbeit*
Das klappt nicht, weil ich viel Arbeit habe.

*Das Verb* da *„geben" kann je nach Zusammenhang auch als „klappen" übersetzt werden.*

Falls Sie belästigt werden sollten, versuchen Sie der Situation zuerst mit einem Lächeln zu begegnen. Hier zuallererst einige höfliche aber bestimmte Sätze, die Ihrem Gesprächspartner klar machen, dass Sie nicht wünschen das Gespräch mit ihm weiter zu führen:

*Gewalt (auch verbaler Art) sollte immer nur ein letzter Ausweg sein.*

**Dja sta bom!**
*[dja] sein gut*
Das reicht!

**Dja tchiga!**
*[dja] ankommen*
Das reicht!

**Dexâ-m ku pás, fabor!**
*lassen-ich mit Friede bitte*
Lass mich bitte in Ruhe!

Falls dies nicht ausreichen sollte, können Sie zur nächsten Stufe übergehen:

**Bá da katchor bánhu!**
*gehen geben Hund Bad*
Geh' dahin wo der Pfeffer wächst!

**Bá pentia makáku!**
*gehen kämmen Affe*
Geh' anderen auf die Nerven!

Das Kiriolu kennt unzählige Sätze dieser Art, die man als Ausländer aber besser nicht verwenden sollte, wenn es auch Spaß macht sie zu verstehen:

**Bá rabenta la pa séti kalarom di nférnu!**
*gehen krepieren dort für sieben Kessel von Hölle*
Geh' und krepiere in der Hölle!

Zu den wichtigsten Ausrufen gehören:

| | |
|---|---|
| **Kudádu!** | Achtung! |
| **Sakor!** | Hilfe! |
| **Abé-Mariâ!** | Jesus Maria!; Oh je! |
| **Nha mai!** | Mein Gott! |
| **Diáxi!** | Mann oh Mann! |
| **Kredu!** | Wirklich?!; Echt wahr?! |
| **Pora!** | Verdammt! |
| **Xisa!** | Mist! |
| **Mérda!** | Scheiße! |

# Das erste Gespräch

Wer offen auf Menschen zugeht und sich nicht scheut in Kontakt mit Fremden zu treten, auf den wird das erste Gespräch nicht lange warten.

## Sich vorstellen

**Módi bu tchoma?**
*wie du heißen*
Wie heißt du?

**Mok'é bu nómi?**
*wie'sein dein Name*
Wie ist dein Name?

*Das besitzanzeigende Fürwort* nha *(mein) wird zu* nh', *wenn danach ein Hauptwort steht, das mit einem Selbstlaut beginnt.*

**M-tchoma Natalie.**
*ich-heißen Natalie*
Ich heiße Natalie.

**Nha nómi é Natalie.**
*mein Name sein Natalie*
Ich heiße Natalie.

**Xa-m mostrâ-u nh'amigu.**
*lassen-ich zeigen-du mein'Freund*
Ich stelle dir meinen Freund vor.

**E tchoma Zinhu.**
*er heißen Joseph*
Er heißt Joseph.

**Prazer m-konxê-u.**
*Vergnügen ich-treffen-du*
Sehr erfreut, dich kennen zu lernen.

**Mi m-tchoma Axel.**
*ich ich-heißen Axel*
Ich heiße Axel.

Kapverdier benutzen untereinander meist Spitznamen (nominhu), diese sind entweder Verkürzungen der Vornamen oder es handelt sich um Verniedlichungen auf -inha/u oder -sinha/u. Ausländer, die nicht einen auch auf den Kapverdischen Inseln üblichen Namen haben, redet man meist mit ihrem Vornamen (nómi) an.

*Der Nachname* (pilidu) *wird nur in sehr formellen Situationen (z. B. beim Zoll, in der Verwaltung, beim Empfang im Hotel usw.) benutzt.*

## Die Herkunft

Kennt man erst Ihren Namen, wird die Einheimischen interessieren, woher Sie kommen:

**A-bo é di ki téra?**
*du sein von welcher Land*
Aus welchem Land kommst du?

**A-bo é d'undi?**
*du sein von'wo*
Woher kommst du?

**Mi é ...**
Ich komme ...

| | |
|---|---|
| **d'Olimánha** | aus Deutschland |
| **d' Óstria** | aus Österreich |
| **di Suísa** | aus der Schweiz |
| **di Kau Berdi** | von den Kapverdischen Inseln |
| **di Senegal** | aus dem Senegal |

*Die Eigenschaftswörter „deutsch", „französisch", „italienisch" usw. bezeichnen auch die Einwohner des jeweiligen Landes, sowie die entsprechende Sprache.*

**Mi é ...**
Ich bin ...

| | |
|---|---|
| **olimom** | Deutsche(-r) |
| **ostriáku** | Österreicher(-in) |
| **suísu** | Schweizer(-in) |
| **berdiánu** | Kapverdier(-in) |
| **senegalés** | Senegalese(-in) ... |

| | | | |
|---|---|---|---|
| **Béljika** | Belgien | **bélga** | Belgier(-in), belgisch |
| **Fránsa** | Frankreich | **fransés** | Franzose, -zösin, französisch |
| **Itália** | Italien | **taliánu** | Italiener(-in), italienisch |
| **Kau Berdi** | Kapverdische Inseln | **berdiánu/ kiriolu** | Kapverdier(-in), kapverdisch |

| | |
|---|---|
| **Mérka** Amerika (USA) | **merkánu** Amerikaner(-in), amerikanisch |
| **Olánda** Niederlande | **olandés** Niederländer(-in), niederländisch |
| **Olimánha** Deutschland | **olimom** Deutsche(-r), deutsch |
| **Óstria** Österreich | **ostriáku** Österreicher(-in), österreichisch |
| **Purtugal** Portugal | **purtugés** Portugiese(-in), portugiesisch |
| **Senegal** Senegal | **senegalés** Senegalese(-in), senegalesisch |
| **Spánha** Spanien | **spanhol** Spanier(-in), spanisch |
| **Suísa** Schweiz | **suísu** Schweizer(-in), schweizerisch |

## Berufe

**Kal k'é bu trabádju?**
*welcher dass'sein du Arbeit*
Was machst du von Beruf?

**A-bo bu ta trabádja na kusé?**
*du du [ta] arbeiten in was*
Was arbeitest du?

**A-mi é pursor.**
*ich sein Lehrer*
Ich bin Lehrer.

**Kel é bom trabádju!**
*dieser sein gut Arbeit*
Das ist ein schöner Beruf!

**A-mi é ...**
*ich sein*
Ich bin ...

| | |
|---|---|
| **labrador / -dera** | Bauer, Landwirt / Bäuerin, Landwirtin |
| **divogádu / -gáda** | Rechtsanwalt / Rechtsanwältin |
| **konditor** | Chauffeur, Fahrer |
| **sem trabádju** | arbeitslos |
| **koperánti** | Entwicklungshelfer |
| **pursor / -sóra** | Lehrer / Lehrerin |
| **studánti** | Student(-in) |
| **mpregáda** | Putzfrau |
| **finsionári públiku** | Beamter, Beamtin |
| **guárda** | Wachmann |
| **njinheru / -hera** | Ingenieur / Ingenieurin |
| **jornalista** | Journalist(-in) |
| **mekániku / -ka** | Mechaniker / Mechanikerin |

| | |
|---|---|
| **rabidánti** | Händler (oftmals auf dem Land) |
| **trabadjador / -dera** | Arbeiter / Arbeiterin |
| **piskador / -dera** | Fischer / Fischerin |
| **pulisia** | Polizist(-in) |
| **sekretári / -tária** | Sekretär / Sekretärin |
| **bendidor / -dera** | Verkäufer / Verkäuferin |

## Das Alter

Auf den Kapverdischen Inseln geht man weit weniger „diplomatisch" mit dem Alter um als bei uns. Gehen Sie davon aus, dass man Sie bereits bei einem ersten Treffen sehr schnell und direkt danach fragen wird:

**Kánt'ánu bu teni?**
*wie-viel'Jahr du haben*
Wie alt bist du?

**Kánt'ánu bu sta ku el?**
*wie-viel'Jahr du sein mit er*
Wie alt bist du?

**M-teni vinti-sinku ánu.**
*ich-haben zwanzig-fünf Jahr*
Ich bin 25 Jahre alt.

**Inda bu sta nóbu!**
*noch du sein jung*
Du bist noch jung!

| | |
|---|---|
| **idádi** | Alter |
| **algem d'idádi** | alte Person |
| **bedju** | alt, alter Mann, Greis |
| **bédja** | alte Frau, Greisin |
| **algem grándi** | erwachsen |
| **ómi** | Mann |
| **mudjer** | Frau |
| **jóvi** | junger Mensch |
| **nóbu** | jung, jugendlich |

| | |
|---|---|
| **rapás** | Junge, junger Mann |
| **minina** | junges Mädchen |
| **rapasinhu** | Jugendlicher |
| **rapariginha** | Jugendliche |
| **mininu** | Baby, Kind |

## Die liebe Familie

Auch auf Kap Verde ist die Familie immer ein beliebtes Gesprächsthema.

**Bus gentis moki sta?**
*dein Familie wie sein*
Wie geht es deiner Familie?

**Ês sta tudu dretu, grásas-a Diós!**
*sie sein alle richtig dank-zu Gott*
Allen geht es gut, Gott sei Dank!

**Kántu fidju bu tem?**
*wie-viele Kind du haben*
Wie viele Kinder hast du?

**M-tem sinku fidju, dós mátchu (ku) trés fémia.**
*ich-haben fünf Kind zwei männlich (mit) drei weiblich*
Ich habe fünf Kinder, zwei Jungen (und) drei Töchter.

| | | | |
|---|---|---|---|
| **gentis** | Familie | **familia** | Familie, Verwandter |
| **donu** | Großvater | **dóna** | Großmutter |
| **mai ku pai** | Eltern (Vater und Mutter) | **armum** | Geschwister (Bruder o. Schwester) |
| **maridu** | Ehemann | **mudjer** | Frau, Ehefrau |
| **pai** | Vater | **mai** | Mutter |
| **fidju** | Kind | **nétu** | Enkel(-in) |
| **fidju mátchu** | Sohn | **fidju fémia** | Tochter |
| **armum mátchu** | Bruder | **armum fémia/ irmâ** | Schwester |
| **tiu** | Onkel | **tiâ** | Tante |
| **subrinhu** | Neffe | **subrinha** | Nichte |
| **primu** | Cousin | **prima** | Cousine |
| **sogru** | Schwiegervater | **sógra** | Schwiegermutter |
| **kunhádu** | Schwager | **kunháda** | Schwägerin |

# Natur & Umwelt

Der interessierte Urlauber wird auf dem Archipel unweigerlich etwas von Natur und Umwelt mitbekommen, daher hier das Wichtigste, was man dazu kennen sollte.

## Das Klima

Das Klima auf den Kapverdischen Inseln ist so gut wie immer angenehm: die Temperatur schwankt zwischen 15 °C und 30 °C und man unterscheidet zwei Hauptjahreszeiten:

| | |
|---|---|
| **témpu tchuba** | Regenzeit (Juli - Oktober) |
| **témpu séka** | trockene Jahreszeit (Rest des Jahres) |
| **klima** | Klima |
| **témpu** | Zeit, Jahreszeit |
| **tropikal** | tropisch |
| **sol** | Sonne |
| **nubri / négua** | Wolke |
| **tchuba** | Regen |
| **tcheia** | Hochwasser |
| **séku** | trocken |
| **modjádu** | feucht, nass |
| **kalor / kentura** | Wärme |
| **kenti** | warm |
| **firiésa** | Kälte |
| **friu** | kalt, Kälte |

**Kalor!**
*Wärme*
Ganz schön warm!

**Oxi témpu sta di tchuba.**
*heute Wetter sein von Regen*
Es wird heute regnen.

## Das Wasser

Die Kapverdischen Inseln gehören geografisch zur Sahelzone, d. h. zu einer Region, in der Trockenheit üblich ist, sprich das Wasser knapp und daher teuer ist. Seien Sie sparsam und verschwenden Sie es nicht! Viele Einwohner des Archipels verfügen gerade mal über 10 bis 20 Liter des „heiligen Nass'" pro Person und Tag; und das muss zum Trinken, Waschen und Kochen reichen!

*In den großen Städten wie Praia, Mindelo und Espargos gibt es Entsalzungsanlagen, die aus Meerwasser Trinkwasser gewinnen.*

| | |
|---|---|
| **águ** | Wasser |
| **funti** | Brunnen |
| **odju d'águ** | Quelle |
| **ototánki** | Lastwagentank |
| **posu** | Brunnen |
| **stilador** | Entsalzungsgerät |
| **tánki** | Zisterne, privater Tank |
| **tchafarís / xafarís** | öffentlicher Tank |

*zur Bewässerung und für Privathäuser*

## Das Meer

*So erstaunt es nicht, dass Fische und Meeresfrüchte in der landestypischen Küche vorherrschen, der kommerzielle Fischfang ein wichtiger Industriesektor ist und die Kultur, Mythen und Legenden, aber auch die Geschichte stark von Seefahrern, Fischern und Piraten geprägt wurde.*

Das Meer – der Atlantische Ozean – ist auf Kap Verde von keinem Ort mehr als 15 km entfernt und folglich ein fester Bestandteil des Lebens eines jeden Inselbewohners.

Überall auf den Inseln existieren traumhafte Strände – allen voran im Osten des Archipels auf Sal, Boa Vista und Maio – an deren Schönheit sich nicht nur die Einheimischen erfreuen, sondern auch eine wachsende Anzahl von Touristen.

| | |
|---|---|
| **már** | Meer |
| **bera-már** | Küste |
| **rol-di-már** | Strand |
| **riâ / reia** | Sand |
| **ilia** | Insel |
| **djeu** | kleine Insel |
| **náda (á)** | schwimmen |
| **murgudja (á)** | tauchen |
| **óndia** | Welle |
| **pánha (á) sol** | Sonnenbaden |
| **turista** | Tourist |

*Wie Sie sehen, geben wir in den Wörterlisten bei allen Verben die Vokale der Beugungsmodelle an. Erinnern Sie sich, dass diese Vokale* (á), (e), (i), (o) *oder* (u) *sein können.*

**Bu pása bom fim di sumána?**
*du verbringen gut Ende von Woche*
Hast du ein schönes Wochenende verbracht?

**Aiam, diâ dimingu m-bá Tarafal, mi ku um amigu.**
*ja Tag Sonntag ich-gehen T. ich mit eins Freund*
Ja, am Sonntag bin ich mit einem Freund nach Tarrafal gefahren.

**Nu bá bera-már, nu náda, nu diskánsa ...**
*wir gehen Küste wir schwimmen wir ausruhen*
Wir sind an die Küste gefahren, sind geschwommen und haben uns ausgeruht ...

## Die Berge

Mit Ausnahme von Boa Vista, Sal und Maio sind die Kapverdischen Inseln ausgesprochen bergig. Auf Wanderer und Alpinisten warten nicht nur atemberaubende Aussichten, eine fantastische Bergluft und Natur pur, sondern auch eine Bevölkerung, die offen und freundlich und immer für ein Schwätzchen zu haben ist.

| | |
|---|---|
| **bársi** | Ebene |
| **tcháda** | Plateau |
| **munti** | Berg |
| **rubera** | Tal |
| **kutélu** | Hügel |
| **bulkom / burkam** | Vulkan |
| **ladera** | Abhang |
| **subida** | Aufstieg |
| **dixida** | Abstieg |

*Das Insektenspray gehört auf den Kapverdischen Inseln unbedingt ins Reisegepäck. In vielen Hotels gibt es Moskitonetze:* **muskiteru**.

## Fauna & Flora

Praktisch alle Tiere und Pflanzen auf den Kapverdischen Inseln sind ungiftig und harmlos. Kein Grund zur Beunruhigung also bei Ihren Streifzügen durch die grandiose Natur des Archipels.

| **lumária di mátu** | frei lebende Tiere | | |
|---|---|---|---|
| **fransedja** | Falke | **sápu** | Frosch |
| **lagartixa** | Eidechse | **pasarinha** | Eisvogel (Kingfisher) |
| **minhotu** | Milan | **tchóta** | Sperling |
| **galinha di mátu** | Perlhuhn | **kagáru** | Sturmtaucher |
| **makáku / sántchu** | Affe | **rátu** | Maus, Ratte |

| **lumária di kása** | Haustiere | | |
|---|---|---|---|
| **buru** | Esel | **bódi** | Ziegenbock |
| **pátu** | Ente | **gátu** | Katze |
| **kabálu** | Pferd | **kábra** | Ziege |
| **kabritu** | Zicklein, Kitz | **katchor** | Hund |
| **porku** | Schwein | **gálu** | Hahn |
| **peru** | Truthahn | **galinha** | Huhn, Henne |
| **kuedju** | Kaninchen | **karnéru** | Schaf |
| **litom** | Ferkel | **pintom** | Küken |
| **boi** | Stier | **pórka** | Sau |
| **báka** | Kuh | **bixéru** | Kalb |

| **bitchu** | Insekten und andere kleine Tiere | | |
|---|---|---|---|
| **begera** | Biene | **aránha** | Spinne |
| **baráta** | Schabe, Kakerlake | **furminga** | Ameise |
| **móska** | Fliege | **muskitu** | Stechmücke |
| **barbuléta** | Schmetterling | **piodju** | Laus |
| **pulga** | Floh | **dabiu** | Wanze |

| plánta | Die Vegetation | | |
|---|---|---|---|
| pé di pó | Baum | spinhu bránku | Akazie |
| kalbisera | Affenbrotbaum, Baobab | koku | Kokospalme |
| támbra | Dattelpalme | spinhera | Dorn, Stachel |
| polom | Ceiba (Wollbaumgewächs) | pádja | Gras, Blatt |
| sibi | Palmenart (Borassus æthiopium) | | |

# Stadt, Land & Küste

Kap Verde ist vielseitig. Ob in der Stadt, auf dem Land oder an der Küste, es warten eine Menge Eindrücke und Erlebnisse auf den offenen, interessierten Touristen!

## In der Stadt

Städtisches Leben findet man auf den auf den Kap Verden nur in Praia (auf Santiago) und Mindelo (auf São Vicente), den beiden einzigen Ortschaften, die mehr als 50.000 Einwohner haben und in denen zusammen ca. 40 % der Bevölkerung des Landes leben.

| | |
|---|---|
| sidádi | Stadt, Hauptstadt |
| kapital | Hauptstadt |
| bila | kleine Stadt |
| séntru | Stadtzentrum |
| zóna | Viertel, Dorf |
| kása-láta | Slum, Armenviertel |

| | |
|---|---|
| **avinida** | Hauptstraße |
| **prása** | Platz |
| **ruâ** | Straße |
| **béku** | Gasse |
| **skina** | Straßenecke |
| **sinal di lus** | Ampel |
| **paseiu** | Bürgersteig |
| **pása** (á) | überqueren |

**Bu mora na sidádi o na fóra?**
*du wohnen in Stadt oder in außerhalb*
Lebst du in der Stadt oder auf dem Land?

**Um bés bida na fóra éra más duru ki oxi, lus ka temba ...**
*eins Mal Leben in außerhalb war mehr schwer dass heute Licht nicht haben-[ba]*
Früher war das Leben auf dem Land schwieriger als heute, es gab kein (elektr.) Licht ...

**Undi spital / oroportu / skuádra di pulisia?**
*wo Krankenhaus / Flughafen / Wache von Polizei*
Wo ist das Krankenhaus / der Flughafen / die Polizeiwache?

**Tem otel / rostoránti li?**
*haben Hotel / Restaurant hier*
Gibt es hier ein Hotel / Restaurant?

**Ta da pa-u fla-m n-undi ki stádiu ta fika!**
*[ta] geben für-du sagen-ich in-wo dass Stadion [ta] bleiben*
Zeig mir bitte den Weg zum Stadion.

## Auf dem Land

Knapp die Hälfte der Inselbevölkerung lebt heute auf dem Land und betreibt Landwirtschaft. Dies mag einem viel vorkommen, ist aber bereits weit weniger als noch Anfang der 90er Jahre, wo noch der Großteil aller Kapverdier auf den Feldern tätig war. Bis dato ist die einheimische Kultur tief auf dem Land verwurzelt und bildet immer noch das Rückgrat der eigenen Identität.

*Die Landwirtschaft ist immer noch eine wichtige Einnahmequelle der Inseln, und wenn man die ausgetretenen Touristenpfade mit offenen Augen verlässt, bekommt man sehr schnell einen guten Eindruck vom Leben auf dem Land.*

Im krassen Gegensatz dazu stehen die Umweltprobleme, die zwar langsam aber dennoch Einzug auf dem Archipel halten, so wie z. B. der oftmals bedrohliche Wassermangel. Die Bauern verbringen praktisch das gesamte Jahr in sorgenvoller Erwartung der Regenzeit, ohne die die Hauptnahrungsmittel wie Mais (midju) und Bohnen (fixom) nicht wachsen können. In der Vergangenheit haben Dürreperioden immer wieder schreckliche Hungersnöte ausgelöst, die die Bevölkerung der Inseln auf grausamste Weise dezimierten.

*Die letzte dieser Hungersnöte war in den Jahren 1947-1948 und kostete etwa 30.000 Menschen das Leben, damals ein Fünftel der Bevölkerung. Unzählige sind dadurch ins Exil gezwungen worden.*

| | |
|---|---|
| **agrikultura / labora** | Landwirtschaft |
| **fóra** | Land (im Gegensatz zur Stadt) |
| **labáda** | Bewässerungskanal |
| **regadiu** | Landwirtschaft (abhängig von Bewässerung) |
| **sekeru** | Landwirtschaft (abhängig von der Regenzeit) |

| | |
|---|---|
| **kiriasom** | Tierzucht |
| **kiria (á) lumária** | Tiere züchten |
| **tra (á) pádja** | Heu machen, heuen |
| **simenti** | Samen |
| **nxáda** | Hacke |
| **rega (á)** | bewässern |
| **korta (á) midju** | Mais ernten |
| **kodji (e) fixom** | Bohnen ernten |
| **azágua** | Ernte, Ausbeute |
| **mónda** | jäten (Unkraut) |
| **simentera** | Saat |
| **simia (á)** | säen |
| **tchom** | Boden |
| **órta** | bewässertes Grundstück |
| **ordinha (á)** | melken |
| **zóna** | Dorf |

**Es ánu azágua (ka) da dretu.**
*dieser Jahr Ernte (nicht) geben richtig*
Dieses Jahr ist die Ernte (nicht) gut gewesen.

## An der Küste

Überall an den Küsten des Archipels finden sich Dörfer, deren Bevölkerung in vielen Fällen gänzlich vom Fischfang leben. Ein Besuch in solch einem Dorf gehört bei einer Reise nach Kap Verde unbedingt dazu, nicht zuletzt auch, um in einer der – oftmals rustikal gehaltenen – einheimischen Kneipen einen genaueren Eindruck von der Qualität der Meerestiere auf dem eigenen Teller zu bekommen!

| | |
|---|---|
| **lántcha / bóti** | Fischerboot |
| **bárku** | Schiff |
| **redia** | Netz |
| **fisga** | Harpune |
| **péska** | Fischfang |
| **piska (á)** | fischen |
| **piskador** | Fischer |
| **kais / kax / portu** | Hafen |

## Zu Gast sein

Bei einer einheimischen Familie zu Gast zu sein ist sicherlich die beste Möglichkeit die kapverdische Bevölkerung und ihr Land kennen zu lernen. Die Familie hat in Westafrika eine überaus große Bedeutung. Unser Individualismus ist den Einwohnern Kap Verdes fremd. Man lebt in der Gemeinschaft und stellt seine eigenen Ziele nicht über die, der Großfamilie. Probleme werden zusammen geklärt und es besteht eine klar definierte Hierarchie zwischen den einzelnen Familienmitgliedern.

Als Gast sollte man zu einer Einladung in erster Linie Verständnis und Interesse mitbringen. Wie überall auf der Welt sind die Kinder und das Wetter ein wichtiges Gesprächsthema und es erleichtert oft das erste Eis zu brechen. Wenn man etwas mitbringen will, was übrigens immer gerne gesehen wird, kann man kleine Geschenke oder Süßigkeiten für die Kinder besorgen.

*Ist man explizit zum Essen eingeladen, sollte man Obst oder Getränke (Bier, Wein oder Schnaps und Erfrischungsgetränke) beisteuern.*

# Zu Gast sein

*Falls Sie über mehrere Tage in einer kapverdischen Familie aufgenommen werden, sollten Sie sich möglichst viel an den täglichen Ausgaben beteiligen. Bedenken Sie, dass die meisten Menschen verhältnismäßig arm sind!*

**Tchiga!**
*ankommen*
Komm her!

**Sai di ruâ!**
*herauskommen von Straße*
Komm doch herein!

In den einfacheren Kreisen isst der Gast übrigens nicht automatisch zusammen mit den Gastgebern, da dies als unfreundlich angesehen würde; wundern Sie sich also nicht, wenn Sie mit der ganzen Gastfamilie an einem prall gedeckten Tisch sitzen und keiner greift zu. In manchen traditionellen Familien wiederum isst man zwar zusammen, doch der Gastgeber nimmt sich bevor dem Gast serviert wird, denn ein Sprichwort sagt, dass der Gastgeber den Appetit der Gäste anregt (abri pititi).

| | |
|---|---|
| **gazádju** | Gastfreundlichkeit |
| **óspri** | Gast |
| **kumbida (á)** | einladen |
| **ospra (á) na** | die Nacht verbringen bei |
| **pundi (e)** | jemanden besuchen |

**É módi mós!**
*sein wie Junge*
Wie geht's, mein Freund!

**Ontom minina, kusas moki sata bai?**
*also Mädchen Sachen wie [sata] gehen*
Und wie läuft's so bei dir, meine Freundin?

**Es korpu?**
*dieser Körper*
Wie geht es?

**Moki bu sta?**
*wie du sein*
Wie geht es dir?

**Alê-m-li, es bida?**
*hier-ich-hier dieser Leben*
Es geht mir gut, und dir?

**Alê-m li dretu, gentis moki sta?**
*hier-ich hier richtig Familie wie sein*
Nicht schlecht, und deiner Familie?

**Tudu sta dretu, grásas-a Diós!**
*alles sein richtig danke-zu Gott*
Gott sei Dank, allen geht es gut!

*Gästen freundlich und offen zu begegnen ist eine große Tugend aller Kapverdier. Speziell im Norden des Archipels kombiniert man Lebensfreude und Gastfreundschaft auf eine ganz spezielle Weise, weshalb die Menschen hier als die Gastgeber schlechthin gelten. Diese als* morabéza *bezeichnete Eigenschaft ist ein ganz wichtiger Teil der insularen Seele.*

Bei einem Besuch im Hause einer kapverdischen Familie, wird man Ihnen sicherlich stolz das Haus zeigen. Sie sollten dazu die folgenden Wörter kennen:

| | |
|---|---|
| **kása** | Haus |
| **predi / prédiu** | Gebäude |
| **levador** | Aufzug |
| **skáda** | Treppe, Leiter |
| **andár** | Stockwerk |
| **partaméntu** | Wohnung |
| **pórta** | Tür |
| **fitchadura** | Schloss |
| **tchábi** | Schlüssel |
| **kuártu** | Zimmer |
| **sála** | Wohnzimmer |
| **sála-djánta** | Esszimmer |
| **kusinha** | Küche |
| **duspénsa** | Keller |
| **kuártu durmi** | Schlafzimmer |
| **kintal** | Innenhof |

*auch:* dipartaméntu

| | |
|---|---|
| **paredi** | Mauer |
| **poial** | Mäuerchen |
| **parapetu** | Steinbank |
| **jinéla** | Fenster |
| **tétu** | Decke |
| **tedjádu** | Dach |

**Ntóni mora na um predi di Tchadinha, na tirseru andár.**
*Anton wohnen in eins Gebäude von Achadinha in dritter Stockwerk*
Anton wohnt in Achadinha in einem Gebäude im dritten Stock.

*Achadinha ist ein Wohnviertel von Praia.*

Ihre Gastgeber werden sich freuen, wenn Sie ihnen passende Komplimente machen:

**Es sála / kuártu é mutu bunitu!**
*dieser Wohnzimmer / Zimmer sein sehr schön*
Dieses Wohnzimmer / Zimmer ist wunderschön!

**Kel kumida-li ta kába ku sábi!**
*dieser Nahrung-hier [ta] enden mit angenehm*
Dieses Essen war köstlich!

Möchten Sie sich verabschieden, wird man Ihnen sicherlich sagen:

**Ka-u bai nau, inda sta sédu!**
*nicht-du gehen nein noch sein früh*
Geh noch nicht, es ist noch früh!

Wer sich länger auf den Inseln aufhält und einheimische Freunde und Bekannte hat, der wird früher oder später in den Genuss kommen zu erfahren, wie gerne die meisten Gesellschaftsspiele spielen. Da ist zuerst Awélé – ori oder oru auf Kiriolu – ein Spiel afrikanischen Ursprungs, bei dem der gewinnt, der möglich viele Kugeln in einer Reihe von sechs Löchern sammelt.

*Ebenso beliebt ist* biska, *ein dem ‚Schafkopf' ähnliches Kartenspiel, dessen Regeln man Ihnen gerne erklären wird!*

| | |
|---|---|
| **mantrankilu** | Tischfußball |
| **djogu di mésa** | Billard |
| **kárta** | Karten |
| **dáma** | Dame |
| **xadrés** | Schach |
| **gánha (á)** | gewinnen |
| **djuga (á)** | spielen |
| **perdi (e)** | verlieren |

Besonders populär unter Kindern – aber auch beliebt bei Erwachsenen – sind Rätsel (dibinhu). Es geht meist darum, einen Gegenstand oder einen abstrakten Begriff zu erraten, der von einer Person erklärt wird. Um das Spiel einzuleiten, sagt man normalerweise:

**Botâ-m dibinhu!**
*werfen-ich Rätsel*
Gib mir ein Rätsel!

Diese Rätsel sind eine gute Möglichkeit, die eigenen Sprachkenntnisse zu erweitern.

# Übernachten

In praktisch allen Städten, sowie in den touristisch erschlossenen Zentren der Inseln gibt es ein breites Angebot an Hotels (otel) und Pensionen (pensom) aller Klassen von luxuriös-teuer bis preiswert-einfach.

*kein Zimmer frei*

| | |
|---|---|
| **kuártu** | (Hotel-)Zimmer |
| **xeiu / okupádu** | voll, besetzt (Hotel) |
| **livri** | frei, Zimmer frei |
| **ár kondisionádu** | Klimaanlage |
| **kónta** | Rechnung |
| **ventinha** | Ventilator |
| **ténda** | Zelt |
| **láitis** | Taschenlampe |

*Dieses* nhós *(ihr) ist neutral zu bewerten und nicht als höfliche Anrede zu verstehen, wenn auch generell in einem Luxushotel sicherlich eher Portugiesisch, Englisch und manchmal sogar Deutsch gesprochen wird.*

**Nhós teni kuártu livri?**
*ihr haben Zimmer frei*
Haben Sie ein freies Zimmer?

**M-kré um kuártu pa um / dós algem.**
*ich-wollen eins Zimmer für eins / zwei jemand*
Ich hätte gerne ein Einzel- / Doppelzimmer.

**Um diâ / sumána é kántu?**
*eins Tag / Woche sein wie-viel*
Wie viel kostet es pro Nacht / Woche?

**M-podi odja kuártu purmeru?**
*ich-können sehen Zimmer zuerst*
Kann ich das Zimmer zuerst sehen?

**Na nós kuártu, tem tcheu barudju, nhós ka teni otrum más kétu?**
*in unser Zimmer haben viel Lärm Sie nicht haben anderer mehr ruhig*
Unser Zimmer ist sehr laut, haben Sie nicht ein ruhigeres?

**Bu podi fasê-m kónta pa manham di parmanham?**
*du können machen-ich Rechnung für morgen von morgens*
Können Sie meine Rechnung für morgen früh vorbereiten?

**Na nós kuártu ka tem ...**
*in unser Zimmer nicht haben*
In unserem Zimmer fehlt ...

| | |
|---|---|
| **kubérta** | Decke, Wolldecke |
| **kóltcha** | Bettdecke |
| **lansol** | Betttuch, Laken |
| **káma** | Bett |
| **koltchom** | Matratze |
| **bankinha** | Nachttisch |
| **trabiseru** | Kopfkissen, Nackenrolle |

Auf dem Land und speziell in den Bergen gibt es nur selten Gasthäuser, meist ist man auf das eigene Zelt angewiesen. Campingplätze gibt es nur vereinzelt und wildes Campen ist nur sehr bedingt möglich, dafür kann man häufig auf Privatgrundstücken übernachten. Man sollte dabei aber immer erst die Eigentümer um Erlaubnis fragen.

**Ta da pa-m poi nha ténda li, es noti?**
*[ta] geben für-ich stellen mein Zelt hier dieses Nacht*
Kann ich heute Nacht hier mein Zelt aufstellen?

# Unterwegs

Erstmal auf dem Archipel angekommen, werden Sie sicherlich bald aufbrechen, um Ihr Reiseziel näher kennen zu lernen. Hier einige Beispiele dafür, was Ihnen auf dem Weg begegnen wird.

## ... zu Fuß

Kap Verde ist ein wahres Paradies für Naturliebhaber und Wanderer. Ob entlang der Küste oder durch die zerklüftete Bergwelt des Landesinneren, die Inseln bieten einem eine Vielzahl an Wanderrouten und wilden Pfaden; aber auch die Städte sind leicht zu Fuß zu erkunden. Nach dem Weg fragt man am besten mit Hilfe der folgenden Begriffe:

| | |
|---|---|
| **li** | hier |
| **la** | da, dort |
| **pértu** | nahe |
| **lonji** | weit |
| **undi?** | wo? |
| **frenti / diánti** | vor, davor |
| **pa frenti / diánti** | nach vorne |
| **trás (di)** | hinter, dahinter |
| **(pa) trás** | nach hinten |
| **rétu / um bés** | geradeaus |
| **frenti-frenti ku** | gegenüber von |
| **(na) bera (di)** | neben, nebenan von |
| **(pa) ndreta** | (nach) rechts |
| **(pa) skérda** | (nach) links |

**Undi mbaxáda di Senegal, é lonji?**
*wo Botschaft von Senegal sein weit*
Wo ist die Botschaft von S., ist sie weit weg?

**Bu sata odja kel predi berdi la bu frenti?**
*du [sata] sehen dieser Gebäude grün dort dein vorne*
Siehst du dieses grüne Gebäude vor dir?

**Bu ta bai ti la, bu ta entra pa skérda, bu ta sigi um bés: é la na fundu.**
*du [ta] gehen bis dort du [ta] betreten für links du [ta] weitergehen eins Mal sein dort in Hintergrund*
Geh bis dort hinten, bieg nach links ab und geh geradeaus weiter bis zum Ende der Straße.

*Das Verb* entra (á) *hat auf Kiriolu die Bedeutung von „ein-, betreten", in diesem Beispielsatz kann es aber auch als „abbiegen" übersetzt werden.*

### ... mit öffentlichen Verkehrsmitteln

Auf den Kapverdischen Inseln hat man die Wahl zwischen folgenden verschiedenen Fortbewegungsmitteln:

| | |
|---|---|
| **aviom** | Flugzeug |
| **bárku** | Schiff |
| **otokáru** | Autobus |
| **iási** | Minibus |
| **káru** | Auto |
| **tákis** | Taxi |
| **móta** | Motorrad |
| **silera-bai** | Moped |
| **biskiléta** | Fahrrad |
| **pidi (i) buleia** | trampen |
| **pé-na-tchom** | zu Fuß |

## ... mit dem Taxi

*Bei längeren Fahrten kann es sein, dass sich der Fahrer weigert, dann sollte man den Preis unbedingt vor der Abfahrt aushandeln.*

Taxis gibt es nur in den großen Ballungszentren wie Praia, Mindelo und am Flughafen auf Sal. Die Fahrer befahren grundsätzlich jede gewünschte Strecke, man sollte hierbei allerdings darauf bestehen, dass der Zähler (kontador) einschaltet wird.

**Lebâ-m otel / rostoránti.**
*mitnehmen-ich Hotel / Restaurant.*
Fahren Sie mich zum Hotel / Restaurant.

**Pára li!**
*anhalten hier*
Halten Sie hier!

## ... mit dem Bus

Das bei weitem am häufigsten gebrauchte Transportmittel auf den einzelnen Inseln sind die zahlreichen Minibusse, meist der Marke Toyota Hiace (daher der Name iási auf Kiriolu), die festgesetzte Strecken zu günstigen Preisen befahren. An den Busbahnhöfen der Dörfer und Städte machen die Minibusfahrer meist lautstark auf ihr nächstes Fahrtziel aufmerksam.

*Trampen ist auf den Kapverdischen Inseln durchaus üblich, wenn man als Mann oder Gruppe durch das Land reist. Achten Sie dennoch darauf, bei wem Sie einsteigen.*

**Tarafal, subi fáxi nu bai!**
*T. einsteigen schnell wir gehen*
Nach Tarrafal alles einsteigen,
wir fahren gleich ab!

## ... mit der Fähre, dem Schiff & dem Flugzeug

Nach Kap Verde und zwischen den Inseln verkehrt man mit dem Schiff oder dem Flugzeug. Brava zum Beispiel ist seit einigen Jahren nur noch auf dem Seeweg zu erreichen. Internationale Flüge gehen nach Sal und neuerdings auch nach Praia. An Feiertagen und während der großen Ferien ist es keine schlechte Idee Tickets mehrere Tage vor Abfahrt/Abflug zu reservieren.

JE

**Kant'óra ki aviom?**
*wie-viel'Stunde dass Flugzeug für Fogo [ta] verlassen von P*
Um wie viel Uhr geht das Flugzeug von Praia nach Fogo?

**bárku pa Fogu ta sai di Práia?**
*wie-viel'Stunde dass Schiff für Fogo [ta] verlassen von P.*
Um wie viel Uhr geht das Schiff von Praia nach Fogo?

**Da-m dós bilieti bai ku bem Sal-Mindélu!**
*geben-ich zwei Schein gehen mit kommen Sal-Mindelo*
Ich hätte gerne zwei Hin- und Rückflugtickets für die Strecke Sal-Mindelo!

**Bu kré xinta na jinéla o na koredor?**
*du wollen setzen in Fenster oder in Gang*
Wollen Sie am Fenster oder am Gang sitzen?

*Übrigens sollte man sich Flüge immer zwei bis drei Tage vor Abflug rückbestätigen lassen!*

In Folge eine Wörterliste mit dem wichtigsten Vokabular für eine Reise durch den Archipel:

| | | |
|---|---|---|
| | **viáji / viáxi** | Reise |
| | **oroportu** | Flughafen |
| | **alfánika** | Zoll |
| | **pasapórti** | Reisepass |
| | **bilieti / pasáji** | Fahrkarte, Ticket |
| | **bagáji / kárga** | Gepäck |
| | **maléta** | Koffer |
| | **rajista (á) bagáji** | Gepäck aufgeben |
| | **labánta (á)** | starten |
| | **xinta (á)** | landen, sich setzen |
| | **tchiga (á)** | ankommen |
| *(Flugzeug, Schiff)* | **sai (i)** | abfahren |
| *(in ein Fahrzeug)* | **subi (i)** | einsteigen |
| *(aus einem Fahrzeug)* | **dixi (i)** | aussteigen |
| | **ánda (á)** | fahren (Fahrzeug) |
| | **lugár** | Ort, Sitzplatz |
| | **só di bai** | Hinfahrt |
| | **bai ku bem** | Hin- und Rückfahrt |
| | **paráji / kau-pára** | Bushaltestelle |
| | **rentakár** | Autovermietung |

### ... mit dem eigenen Auto

In den Städten der Inseln und an den beiden Flughäfen kann man problemlos Autos mieten. Neben lokalen Agenturen gibt es mittlerweile auch viele internationale Autovermietungen. Gleich ist allen, dass man bei Anmietung immer eine Kaution (fiánsa) hinterlegen muss.

Es empfiehlt sich weiters eine Vollkaskoversicherung. Die meisten Landstraßen Kap Verdes sind gepflastert, können durch Regenwetter aber sehr rutschig sein: fahren Sie also äußerst vorsichtig!

*Ein Reserverad* (subusulenti) *sollte man immer dabei haben, denn Reifenpannen sind keine Seltenheit.*

**M-kré luga káru pa dós sumána.**
*ich-wollen mieten Auto für zwei Woche*
Ich möchte für zwei Wochen ein Auto mieten.

**Ku seguru é kuántu?**
*mit Versicherung sein wie-viel*
Was kostet das mit Versicherung?

**Undi postu-gazulina (más pértu)?**
*wo Stelle-Benzin (mehr nahe)*
Wo ist die nächste Tankstelle?

| | | | |
|---|---|---|---|
| **silera (á)** | beschleunigen | **asidenti / dizástri** | Unfall |
| **sendi (e) (farol)** | (Scheinwerfer) einschalten | **pága (á) (farol)** | (Scheinwerfer) ausschalten |
| **multa** | Geldstrafe | **suguru** | Versicherung |
| **kontrom** | Kollision | **konditor** | Fahrer |
| **giâ (á)** | fahren | **kárta di kondusom** | Führerschein |
| **ránka (á)** | (Auto) starten | **postu-gazulina** | Tankstelle |
| **gazulina** | Benzin | **gazol** | Diesel |
| **sinal di lus** | Ampel | **tráva (á)** | bremsen |
| **ngosta (á)** | parken | **bariâ / variâ** | Panne |
| **pulisia** | Polizei | **kebra-móla** | Bodenschwelle |
| **da (á) ré** | zurückfahren | **stráda** | Straße, Piste |
| **stráda alkatrádu** | geteerte Straße | **stráda kalsitádu** | gepflasterte Straße |
| **pára (á)** | anhalten | **sintidu probidu** | Einbahnstraße |

*1000 Escudos nennt man im Volksmund* kontu.

**Po-m um kontu-gazulina fabor!**
*stellen-ich eins 1000-Escudo-Benzin bitte*
Füllen Sie meinen Tank bitte für tausend Escudos!

## Panne & ein bisschen Mechanik

**M-teni róda frádu: bu podi troka-nh-el fabor?**
*ich-haben Rad durchlöchert du können wechseln-ich-er bitte*
Ich habe einen kaputten Reifen, kannst du ihn mir bitte wechseln?

**Kántu témpu k-u ta dura?**
*wie-viel Zeit dass-du [ta] dauern*
Wie lange wird es dauern?

**Kántu k-u ta kobrâ-m pa kompu ...?**
*wie-viel dass-du [ta] berechnen-ich für reparieren*
Wie viel wirst du mir für die Reparatur von ... berechnen?

| | | | |
|---|---|---|---|
| **ofisina** | Autowerkstatt | **intchi (i)** | (Reifen) aufpumpen |
| **mekániku** | Mechaniker | **dismopi (i)** | gerade richten |
| **raboka (á)** | abschleppen | **kompu (o)** | reparieren |
| **batariâ** | Batterie | **baiom / bóia** | Kanister |
| **biéla** | Pleuelstange | **kasifri** | Handschuhfach |
| **káxa-vlosidádi** | Getriebe | **véla** | Zündkerze |
| **xasí** | Chassis | **tchábi** | Schlüssel |
| **piska-piska** | Blinker | **mála** | Kofferraum |
| **makáku** | Wagenheber | **silindru** | Zylinder |
| **mbriáji** | Kupplung | **prátu-róda** | Radkappe |
| **travom (di mó)** | Bremse (Hand-) | **óli** | Öl |

| | | | |
|---|---|---|---|
| **buzina** | Hupe | **mutor** | Motor |
| **parabriza** | Windschutzscheibe | **paraxóki** | Stoßstange |
| **tinta** | Lack | **farol** | Scheinwerfer |
| **pineu** | Reifen | **skápi** | Auspuff |
| **radiador** | Kühler | **róda** | Rad |
| **móla** | Aufhängung | **avulánti** | Lenkrad |

## Geographische Bezeichnungen

Da die Namen der Inseln des Archipels im Kiriolu oftmals von den Deutschen (Portugiesischen) abweichen, sei hier eine Liste aller Inseln auf Portugiesisch, dem Kiriolu Santiagos, sowie im jeweiligen Dialekt der Insel angegeben:

| Portugiesisch | Kiriolu Santiagos | Dialekt der jew. Insel |
|---|---|---|
| Brava | **Brába** | **Djabraba** |
| Fogo | **Fogu** | **Djarfogu** |
| Santiago | **Santiágu** | |
| Maio | **Máiu** | **Djermai** |
| Boa Vista | **Bobista** | **Bubista** |
| Sal | **Sal** | **Sal** |
| São Nicolau | **Sam Nikulau** | **Som Niklau** |
| Santa Luzia | **Sánta Luziâ** | |
| São Vicente | **Sam Bisenti** | **Sonsent** |
| Sant'Antão | **Sant'Antom** | **Sentantom** |

*Weitere wichtige Namen, wie die der Hauptorte auf Kiriolu und Portugiesisch (in Klammern mit der jeweiligen Insel).*

| | |
|---|---|
| **Kau Berdi** | Kap Verde |
| **Práia** | Praia (Hauptstadt) |
| **Somáda** | Assomada (Santiago) |
| **Kadjéta** | Calheta (Santiago) |

| | |
|---|---|
| **Sidádi** | Cidade Velha (Santiago) |
| **Spárgu** | Espargos (Sal) |
| **Mindélu** | Mindelo (São Vicente) |
| **Musteru** | Mosteiros (Fogo) |
| **Nóbu Sintra** | Nova Sintra (Brava) |
| **Santiágu** | Pedra Badejo (Santiago) |
| **Portu Nóbu** | Porto Novo (Sant'Antão) |
| **Rubera Brábu** | Ribeira Brava (São Nicolau) |
| **Rubera Grándi** | Ribeira Grande (Sant'Antão) |
| **Sal Rai** | Sal Rei (Boa Vista) |
| **Salmingu / Sam Dimingu** | São Domingos (Santiago) |
| **Sonflipi** | São Felipe (Fogo) |
| **Tarafal** | Tarrafal (Santiago) |
| **Bila di Máiu** | Vila do Maio (Maio) |

## Einkaufen

Ob für Selbstversorger, zum Shopping oder zum Fotografieren, die Märkte auf den Kapverdischen Inseln bieten für jeden etwas. Man unterscheidet grundsätzlich zwischen Lebensmittelmärkten (pilorinhu oder merkádu) und solchen, auf denen es vorrangig Kleidung gibt (sukupira). Außerdem gehört in jede Straße und so ziemlich jedes Dorf eine Art „Tante Emma" Lädchen (lója), das häufig auch als Bar funktioniert.

In den Lebensmittelgeschäften und Läden sind die Preise festgelegt. Auf den Märkten ist es dagegen manchmal möglich zu handeln, wenn auch sehr viel unspektakulärer als in anderen Teilen Westafrikas. Falls Sie ein guter Kunde sind, werden Sie vielleicht 5-10 % Nachlass bekommen, viel mehr ist aber selten drin ...

*Als Bar bezeichnet man auf den Kapverdischen Inseln die „Kneipe um die Ecke", die für die Einheimischen oft als zweites Wohnzimmer dient und vom vormittäglichen Espresso bis zum letzten mitternächtlichen Gute-Nacht-Bier alles bietet. Der Begriff hat dabei nichts mit dem anrüchigen Lokal zu tun, das im Deutschen oft darunter verstanden wird!*

| | |
|---|---|
| **fasi (e) kómpra** | einkaufen |
| **kumpra (á)** | kaufen |
| **bendi (e)** | verkaufen |
| **dixi (i)** | handeln |
| **nogosia (á)** | verhandeln |
| **nogósi** | Geschäft, Handel |
| **lója** | Lebensmittelgeschäft |
| **supermerkádu** | Supermarkt |
| **présu** | Preis |
| **káru** | teuer |
| **barátu** | billig |
| **diskontu** | Reduzierung |
| **bulkom** | Theke |
| **bólsa** | Tasche |
| **fiádu** | Kredit |

lója *auch: Laden*

**Kamisa-li é kantu?**
*Hemd-hier sein wie-viel*
Wie viel kostet dieses Hemd?

**Káru! Bu ka ta dixi?**
*teuer du nicht [ta] hinuntergehen?*
Wie teuer! Kannst du den Preis ein bisschen senken?

*sagt der Verkäufer zu einem Passanten*

**Bem nogosia!**
*kommen verhandeln*
Kaufe mir etwas ab!

Viele Verkäufer geben bei einem guten Geschäft – meist bei Lebensmitteln – dem Käufer noch ein kleines Geschenk dazu. Man nennt das kumbidu und kann auch schon mal danach fragen:

**Ka tem kumbidu?**
*nicht haben Zusatz*
Gibst du mir nichts dazu?

ropa = *Kleidung, Kleidungsstück*

## Die Kleidung

Zu kaufen gibt es natürlich auch Bekleidung. Die wichtigsten Kleidungsstücke sind:

*Beachten Sie, dass man außerhalb des Strandes nicht mit Badeanzug, bzw. nacktem Oberkörper gehen sollte. Die Einheimischen würden Sie zwar nicht direkt dafür kritisieren, aber trotzdem ist dies mit ihren Moralvorschriften nicht vereinbar!*

| | |
|---|---|
| **sintu** | Gürtel |
| **miâ / meias** | Socken |
| **sapátu** | Schuhe |
| **kamisa** | Hemd |
| **sáia** | Rock |
| **óklu (di sol)** | (Sonnen)brille |
| **fátu-bánhu** | Badeanzug |
| **kálsa** | Hose |
| **kasáku** | Pulli, Jacke |
| **bistidu** | Kleid |
| **xinélu** | Sandale |
| **kuéka** | Slip (Frau) |
| **trus** | Unterhose (Mann) |
| **kamisóla** | T-Shirt |

## Die traditionell kapverdische Kleidung

Während sich in den Städten des Archipels großteils mittel- bzw. westeuropäische Kleidung durchgesetzt hat, kann man speziell auf dem Land immer noch zahlreiche Frauen sehen, die traditionelle Kostüme tragen. Diese Kostüme unterscheiden sich mehr oder weniger stark von Insel zu Insel; auf Santiago bestehen sie z. B. aus dem pánu marádu (einem Tuch, das um den Kopf gewickelt wird), einer Bluse (buluza), die oft aus äußerst lebhaften Farben besteht, einem breiten dicken Stofftuch (suláda), das um die Taille gewickelt wird, sowie aus einem Rock und zahlreichen Unterröcken (saióti oder sáia bránku).

*Auffallend ist weiters die mit Sorgfalt ausgewählte Farbzusammenstellung der einzelnen Kleidungsstücke, die sich in den meisten Fällen durch eine enorme Harmonie zueinander auszeichnet.*

Die traditionellen Kostüme der Männer sind nur noch sehr selten bei älteren Herren auf dem Land zu finden. Auf Santiago bestehen sie aus einer Kopfbedeckung in Form einer Melone namens tchapeu róki oder einer Mütze namens bliki. Dazu trägt man ein weißes Hemd, sowie eine Hose mit ausgestellten Beinen namens kálsa-bóka-sinu.

*Wortwörtlich bedeutet* kálsa-bóka-sinu *„Glockenmundhose".*

## Souvenirs

Zu den authentischsten und vielleicht auch originellsten Souvenirs (lembránsa) Kap Verdes zählen – wie sollte es im Land Cesária Évoras auch anders sein – diverse Kassetten oder CDs mit heimischer Musik (von langsam, melan-

*Interessiert Sie Korbflechterei, halten Sie nach den balai genannten Körben Ausschau, die man immer noch verwendet, um zerstoßene Maiskörner verschiedener Größe zu trennen und zu sortieren.*

cholisch bis schnell, tanzbar findet sich so ziemlich alles im Repertoire der Inseln).

An echtem Handwerk seien die mit Originalstickereien geschmückten Baumwolltücher namens pam di téra empfohlen, die früher als Tauschmittel dienten, um entlang der afrikanischen Küste Sklaven zu kaufen. Man findet sowohl die neueren schwarzen Tücher mit weißen Motiven, als auch die weit kostspieligeren alten, seltenen in blauer Farbe.

Auch traditionelle Töpferwaren wie Tonkrüge (póti) oder Couscoustöpfe (bindi) werden immer gerne gekauft. Die schönsten auf Santiago sind die, die im Dorf Fonte Lima hergestellt werden, es gibt sie auf dem Markt in Praia zu kaufen.

NQ

Nicht zuletzt sei auch auf die hervorragenden Spirituosen der Inseln hingewiesen, wie Rum oder Grog (grógu), den man in den diversen Supermärkten bekommt, wenn auch der beste zweifelsohne auf Sant'Antão gebrannt wird. Oder versuchen Sie doch mal den mit Zuckerrohr gesüßten Grog, versetzt mit Kokosnuss (póntchi di koku) oder Tamarinde (póntchi di tambarinha). Besonders auf Fogo darf man nicht vergessen, den einheimischen Wein und Kaffee (vinhu / kafé di Fogu) zu probieren.

# Essen & Trinken

Wenden wir uns nun diesem äußerst wichtigen Thema zu. Auf den Kapverdischen Inseln werden in der Regel – genau wie bei uns – drei Mahlzeiten am Tag eingenommen. Da ist zuerst das Frühstück (kafé oder kebra djudjum), bei dem man traditionell die Reste des Vortages zu sich nimmt, wenn auch gerade in den Städten mittlerweile Kaffee, Brot und Butter weit beliebter sind.

Zwischen 13 und 14 Uhr folgt das Mittagessen (almusu) und gewöhnlich nach Einbruch der Dunkelheit, etwa gegen 19.30 bis 20 Uhr dann das Abendessen (djánta).

*Sowohl bei almusu als auch bei djánta isst man ein richtiges Hauptgericht, bestehend aus Fisch oder Fleisch und Beilagen, Salat etc. Das deutsche Abendbrot ist den Inselbewohner dagegen völlig fremd.*

### Nützliches in der Küche & auf dem Tisch

| | |
|---|---|
| **prátu** | Teller |
| **kalarom** | großer Kessel |
| **bindi** | Couscoustopf |
| **fáka** | Messer |
| **kudjer** | Löffel |
| **fogom** | Herd, Heim |
| **gárfu** | Gabel |
| **kudjerom** | Schöpflöffel |
| **panéla** | Kochtopf |
| **frijidera** | Pfanne |
| **xikra** | Tasse |
| **kópu** | Glas |

*Als Couscous bezeichnet man eine Art gedämpften Mais-, Maniok-, Hirse- oder Hartweizengries, der in ganz West- und Nordwestafrika die Grundlage für viele Speisen bildet und sowohl als Hauptspeise, als auch als Beilage und auf Cabo Verde sogar häufig als Nachspeise gegessen wird.*

## Die Nahrungsmittel

Hier eine Liste mit den wichtigsten Nahrungsmitteln.

| Gemüse | |
|---|---|
| **berdura** | Gemüse |
| **sinora** | Karotte |
| **kobi** | Kohl |
| **rapodju** | Grünkohl |
| **bóbra** | Kürbis (zylindrisch) |
| **róka** | Kürbis (rund) |
| **mandióka** | Maniok |
| **sabóla** | Zwiebel |
| **batáta** | Süßkartoffel |
| **batáta ngléza** | Kartoffel |
| **alfása** | Salat |
| **tumáti / kamáti** | Tomate |

| Obst | |
|---|---|
| **fruta** | Frucht, Obst |
| **banána** | Banane |
| **lumom** | Zitrone |
| **pinha** | Ananas |
| **goiába** | Guajave |
| **simbrom** | Jujube |
| **mángi** | Mango |
| **koku** | Kokosnuss |
| **laránxa** | Orange |
| **papáia** | Papaya |
| **masam** | Apfel |
| **bakáti** | Avocado |

*Auf den Kapverdischen Inseln gelten* bakáti *(Avocados) nicht nur als Gemüse, sondern werden auch als Obst gegessen.*

| Fleisch & Fleischprodukte | | |
|---|---|---|
| **kárni** | Fleisch | |
| **kabritu** | Hammel | |
| **karnéru** | Schaf | |
| **porku** | Schwein | |
| **galinha** | Huhn | |
| **longisa** | Wurst | |
| **longavida** | Wurst | *(in Konserven)* |
| **tchorís** | scharfe Wurst | *(Chorizo)* |
| **báka** | Rind | |

| Fische & Meeresprodukte | |
|---|---|
| **pexi** | Fisch |
| **kaxinha** | Muschel |
| **xoku** | Tintenfisch |
| **gudjom** | Schwertfisch |
| **morisku** | Meeresfrüchte |
| **lagósta** | Languste |
| **tchitcháru** | Makrele |
| **bidiom** | Papageifisch |
| **sarguneti / xalinu** | Rotbarbe |
| **buzu** | große Strandschnecke |
| **garopa** | kleiner Barsch |
| **atum** | Thunfisch |

| Eier & Milchprodukte | |
|---|---|
| **mantega** | Butter |
| **náta** | Sahne |
| **kexu** | Käse |
| **leti (empó)** | Milch (als Pulver) |
| **óbu** | Ei |
| **iogurti** | Joghurt |

| Gewürze | |
|---|---|
| **ádju** | Knoblauch |
| **alfabáka** | Basilikum |
| **azeti / seti** | Olivenöl |
| **pádja-loru** | Lorbeer |
| **ortolom** | Pfefferminze |
| **margéta** | Peperoni |
| **sal** | Salz |
| **mel** | Zuckerrohrsirup |
| **sukri** | Zucker |

| Getreide & stärkehaltige Nahrungsmittel | |
|---|---|
| **fixom** | Bohne |
| **midju** | Mais |
| **pom** | Brot |
| **mása** | Nudeln |
| **arós** | Reis |
| **spargeti** | Spaghetti |

*auch:* serveja

| Getränke | |
|---|---|
| **sarabedja** | Bier |
| **kafé (ku leti)** | Kaffee (mit Milch) |
| **águ (ngarafádu)** | (Mineral-)Wasser |
| **sumu natural** | frisch gepresster Fruchtsaft |
| **sumu** | Fruchtsaft (aus der Dose) |
| **suku** | Fruchtnektar |
| **grógu** | weißer Rum |
| **vinhu** | Wein |
| **uíski** | Whisky |

*Das Tätigkeitswort* toma *kann als „nehmen“ oder „trinken“ übersetzt werden.*

**Kusé bu ta toma?**
*was du [ta] nehmen*
Was trinkst du?

**Ai nha gentis, sedi dja da-m! Ka tem num bár na kel kau-li?**
*au mein Freunde Durst [dja] kommen-geben-ich*
*nicht haben kein Bar in dieser Ort-hier*
Mann, ich habe wirklich Durst, Freunde!
Gibt es hier in der Gegend keine Bar?

**A-mi m-ta toma um sarabedja, má po-nh-el bem frésku, fabor!**
*ich ich-[ta] nehmen eins Bier aber stellen-ich-er gut frisch bitte*
Ich werde ein Bier nehmen, aber bitte sehr kalt!

## Die Küche des Archipels

Die traditionelle Küche Kap Verdes ist einfach, aber schmackhaft. Zu den Hauptbestandteilen der meisten Gerichte zählen, wie gesagt, in erster Linie Mais (midju) und Bohnen (fixom). Zu den bekanntesten einheimischen Gerichten gehören:

| | |
|---|---|
| **katchupa** | Das kapverdische Nationalgericht: eine Art Eintopf bestehend aus verschiedenem Gemüse, darunter Maiskörner und Bohnen und dazu Fleisch oder Fisch. |
| **katchupa rafogádu** | Reste vom Vortag mit einem Spiegelei (óbu streládu), wird oft zum Frühstück gegessen! |
| **káldu pexi** | Brühe mit Fischen, grünen Bananen, Süßkartoffeln und Maniok. |
| **xarem** | Grob zerkleinerter Mais, der ähnlich wie Reis gegessen wird. Xarem wird meist mit leicht nach Käse schmeckender Butter (mantega di téra) gewürzt. |
| **sopa di lorom** | Suppe aus fein zerkleinerten Maiskörnern. |

*Versuchen Sie unbedingt auch* pastel di midju, *eine Art gesalzene Teigtasche, mit Fisch gefüllt und in heißem Öl frittiert.*

Daneben gibt es mehrere Ragouts auf der Basis von Bohnen oder anderen Hülsenfrüchten. Probieren Sie fixom-pédra, sapatinha, baxinha (frische Bohnen), mbónxi (dicke Bohnen), kongu (Straucherbse), sowie arós pintádu ku fixom, ein mit Bohnen bestreuter Reis.

Besonders beliebt ist auch Gegrilltes wie pintchu (Fleischspieße), frángu asádu oder tchuráskù (Brathähnchen). Diese Gerichte werden abends unter Freunden zubereitet, man findet sie auch in Bars und Restaurants auf dem Land.

*In Bars isst man zu Bier oder Rum gerne kleine Häppchen* (bafiu), *wie* pipixu *(Innereien von Geflügel) oder* torésma *(geröstete Schweineschwarte).*

In einfachen Fischlokalen, die sich in der Regel in der Nähe des Hafens befinden, gibt es oft buzu (große in dünne Scheiben geschnittene Strandschnecken mit einer pikanten Sauce), kaxinha (Muscheln) und andere Meeresfrüchte.

## Der Nachtisch

Süße Gerichte gibt es in erster Linie an den Festtagen. Hier eine Auswahl der wohl bekanntesten Nachtischgerichte:

| | |
|---|---|
| **kuskús ku mel** | Mais-Couscous mit Zuckerrohrsirup. Diese Speise wird traditionell am Aschermittwoch (Sinsas) gegessen, findet sich aber auch sonst ab und zu in privaten Haushalten. |
| | Andere typische Gerichte am Aschermittwoch sind spernegal (aus Kohl und Eiern) und pexi séku (getrockneter Fisch) mit axim (Kokosnussöl) gewürzt. |

| | |
|---|---|
| **kexu ku dóxi di papáia** | Ziegenkäse mit kandierter Papaya. Dieser Nachtisch ist ein Muss für all diejenigen, die gerne süß-salzig essen, besonders gut schmeckt es, wenn er mit frischem Käse aus Fogo zubereitet wird. |
| **kamóka** | Geröstetes Maismehl mit Zuckerrohrsirup und Milch zu einer Art Porridge vermischt. |
| **leti durmidu** | Als „geschlafene Milch" bezeichnet man einige Tage lang gegärte Milch, die an Kefir erinnert und normalerweise mit Zucker gegessen, bzw. getrunken wird. |
| **bakáti ku laránxa** | Avocado und Orange, die mit Zucker bestreut werden. Eine einfache, aber äußerst schmackhafte Süßspeise. |
| **bolu** | Kuchen gibt es selbstverständlich auch auf Cabo Verde reichlich, und zwar häufig in zuckersüßen bunten Ausführungen. |

Außerdem gibt es einen Haufen höchst schmackhafter Süßigkeiten (dóxi), die speziell von Verkäufern auf der Straße angeboten werden, dazu gehören dóxi di koku (auf Kokosnussbasis), dóxi di mankára (mit Erdnüssen) oder rapusáda (pieksüßes Knabberzeug aus purem Zucker).

Mindestens ebenso beliebt ist pudim di kexu, portugiesischer Pudding aus Käse, aber gezuckert oder jeládu (Milcheis) unter anderem mit allen Sorten der Früchte des Landes.

Noch etwas zur traditionellen Küche der Inseln: Mit Ausnahme des berühmten katchupa wird man einige Mühe haben, die hier vorgestellten Gerichte in Restaurants oder Gast-

*Die Grenze zwischen Bars und Straßenständen ist übrigens fließend, so kann man auch auf der Straße Grillspieße bekommen und in vielen Kneipen verkaufen ambulante Händler ihre Waren.*

häusern zu finden, da sie in erster Linie zur authentischen Hausmannskost gehören. Wollen Sie also wirklich kapverdisch essen, bleiben Ihnen nur zwei Möglichkeiten: a) von Einheimischen nach Hause eingeladen zu werden oder b) an einem der zahlreichen Straßenstände auf Märkten oder an großen Kreuzungen zu essen, wo die Frauen in großen, rußgeschwärzten, blubbernden Kesseln wirklich echte Spezialitäten zubereiten.

*Wenn Sie erst mal auf den Geschmack gekommen sind, werden auch Sie sicherlich diese Art des Essens den teuren und touristischen 5-Sterne Lokalen vorziehen! Seit einigen Jahren existieren aber gerade in den touristisch erschlossenen Orten auch Lokale, die internationale Küche servieren und daher sollte es auch kein größeres Problem mehr sein, ein saftiges Steak mit Pommes Frites* (bifi ku batáta fritádu), *eine Pizza* (piza) *oder gebratenen Reis auf chinesische Art* (arós kantunés) *zu finden.*

**Obi-li, dóxi-koku é kántu?**
*hören-hier Süßigkeit-Kokosnuss sein wie-viel*
Wie viel kosten deine Kokosnuss-Biskuits?

**Vinti kada.**
*zwanzig jeder*
Zwanzig (Escudos) pro Stück.

**Da-m sinku.**
*geben-ich fünf*
Gib mir fünf.

## Im Restaurant

Neben den einfachen Straßenständen und Garküchen gibt es auf den Kapverdischen Inseln selbstverständlich auch diverse Restaurants im klassischen Sinn. Die meisten darunter kredenzen portugiesische Küche, v. a. Fisch – z. B. pexi kusidu (in Brühe gekochter Fisch mit Gemüse und reichlich Olivenöl), bacalhau (Stockfisch) – oder Meeresfrüchte wie polbu / polvu (Tintenfisch).

**Kusé nhós teni?**
*was Sie haben*
Was haben Sie (zu essen)?

**Tarsê-m ménta fabor!**
*bringen-ich Speisekarte bitte*
Bringe mir bitte die Speisekarte!

*Speisekarten sind immer auf Portugiesisch, ab und zu auch auf Englisch, Französisch oder sogar Deutsch.*

**Oxi tem kárni-báka ku batáta.**
*heute haben Fleisch-Kuh mit Kartoffel*
Es gibt heute Rindfleisch mit Kartoffeln.

**Sta bom!**
*sein gut*
Das nehme ich!

**Pa bebi é kusé?**
*für trinken sein was*
Und zum Trinken?

**Da-m / tarsê-m kónta fabor!**
*geben-ich / bringen-ich Rechnung bitte*
Die Rechnung, bitte!

| | | |
|---|---|---|
| **sábi** | gut, köstlich | |
| **stragádu** | schlecht, verdorben | *(Nahrung)* |
| **fedi** | schlecht | *(Alkohol, speziell Wein)* |
| **dóxi** | süß, gezuckert | |
| **salgádu** | salzig, gesalzen, versalzen | |
| **fórti** | sauer | |
| **margós / malgós** | bitter | |
| **marádu** | herb | |
| **ransiós** | ranzig | |
| **friu** | kalt | |
| **kenti** | warm | |
| **mornu** | lauwarm | |
| **poku kusiádu** | blutig, wenig gebraten | *(Fleisch)* |
| **bem kusiádu** | gut gebraten, gut durch | *(Fleisch)* |

**A-mi, m-ta toma um bifi bem kusiádu.**
*ich ich-[ta] nehmen eins Steak gut gekocht*
Ich hätte gerne ein gut durchgebratenes Steak.

# Geld & Bank

*Am Anfang dieses Buches haben wir bereits darauf hingewiesen: gerade in offiziellen und behördlichen Angelegenheiten hat das Kiriolu auf Cabo Verde einen geringen Stellenwert. Üblich dagegen ist in diesen Belangen das Portugiesische. Für die wichtigsten Informationen zur Sprache der ehemaligen Kolonialherren sei auch der Kauderwelsch Band 11 „Portugiesisch Wort für Wort" von Jürg Ottinger empfohlen.*

Auf einer Reise auf die Kapverdischen Inseln sollte man Bargeld und/oder Reiseschecks mitnehmen, da internationale Kreditkarten immer noch sehr selten akzeptiert werden und man damit auch nur an wenigen Geldautomaten Geld ziehen kann.

Die Landeswährung ist der Escudo, der auf Kiriolu merés oder xkudu genannt wird. Die gängige Abkürzung des Escudo ist $, die man nicht mit dem US-Dollar verwechseln sollte!

| | |
|---|---|
| **dinheru** | Geld |
| **bánku** | Bank |
| **nóta** | Geldschein |
| **kartom vinti-kuátu** | Kredit-, Bankkarte |
| **troka (á)** | wechseln |
| **xéki** | Scheck |
| **dinheru limpu na mó** | Bargeld |
| **kónta** | (Bank-)Konto |
| **dóla (merkánu, kanadiánu)** | Dollar (US, kanadisch) |
| **éru / oru** | Euro |
| **fránku suísu** | Schweizer Franken |
| **troku** | Wechselgeld |
| **muéda** | Münze, Geldstück, Kleingeld |
| **kontiâ / kontidádi** | Summe |
| **juru** | Zinsen, Zinssatz |

**Trokâ-m trezéntus éru ku bánku-Kau-Berdi!**
*wechseln-ich dreihundert Euro mit Bank-C.-V.*
Ich würde gerne dreihundert Euro in Escudos wechseln.

**Um dóla é kántu merés?**
*eins Dollar sein wie-viel Escudo*
Wie viele Escudos sind ein Dollar?

**Nh'armum kumpra kel káru duzéntus kontu.**
*mein'Bruder kaufen dieser Auto zweihundert 1000-Escudo*
Mein Bruder hat dieses Auto für zweihunderttausend Escudos gekauft.

**Bu teni troku di kinhéntus merés?**
*du haben Wechselgeld von fünfhundert Escudo*
Kannst du fünfhundert Escudos wechseln?

JE

# Post

Man findet in fast jeder Gemeinde (fregeziâ = administrativer Verwaltungsbezirk) des Landes mindestens ein Postamt. Hier kann man Briefe und Postkarten verschicken und dazu die äußerst beliebten, meist wunderschönen Briefmarken erwerben.

**M-kré mánda es dós kárta pa Suísa.**
*ich-wollen schicken dieser zwei Brief für Schweiz*
Ich würde gerne diese zwei Briefe in die Schweiz schicken.

| | |
|---|---|
| **kureiu** | Post |
| **nderésu / diresom / moráda** | Adresse, Anschrift |
| **pustal / postal** | Postkarte |
| **nvulópi / nvulópu** | Umschlag |
| **karteru** | Briefträger |
| **kárta** | Brief |
| **kárta rajistádu** | eingeschriebener Brief |
| **pakóti / mbaláji / mbúrdiu** | Päckchen |
| **sélu** | Briefmarke |

**Ki témpu ki es pakóti ta tchiga Olimánha?**
*was Zeit was dieser Päckchen [ta] ankommen Deutschland*
Wie lange dauert es dieses Päckchen nach Deutschland zu schicken?

# Telefon & Internet

Das Telefonnetz Kap Verdes ist mittlerweile gut ausgebaut. Es existiert ein dichtes Netz an Telefonzellen und es ist in zahlreichen Geschäften möglich, Telefonkarten zu kaufen.

## Telefon tilifóni

| | |
|---|---|
| **lista di tilifóni** | Telefonbuch |
| **xamáda** | Anruf |
| **kabini-tilifóni** | Telefonzelle |
| **kartom di tilifóni** | Telefonkarte |
| **okupádu** | besetzt |
| **telemóvi** | Handy |
| **liga (á) / tilifona (á)** | anrufen, telefonieren |
| **mpulsu** | (Tarif-)Einheit |

*Vorsicht mit unnötigen Anrufen und Abfragen der Mailbox. Die Roaming-Kosten für Handys können auf den Kapverdischen Inseln extrem hoch sein. Erschwinglich sind dagegen Prepaid-Karten eines kapverdischen Providers.*

**Da-m kartom di tilifóni di sem mpulsu fabor!**
*geben-ich Karte von Telefon von 100 Einheit bitte*
Ich möchte bitte eine Telefonkarte mit 100 Einheiten.

**Kada minotu pa Orópa é kántu?**
*jeder Minute für Europa sein wie-viel*
Was kostet es pro Minute nach Europa?

**Nhu Samédu: a-li xamáda pa nhó di Purtugal.**
*Herr Semedo hier Anruf für Sie von Portugal*
Herr Semedo, da ist ein Anruf aus Portugal für Sie.

## Internet interneti

*Es ist also keineswegs kompliziert, während Ihres Aufenthalts mit der „Außenwelt" in Verbindung zu bleiben.*

Die Anzahl der Internetcafés nimmt auf den Inseln stetig zu: man findet sie heute bereits in allen Städten und vielen Dörfern.

| | |
|---|---|
| **kureiu letróni** | E-Mail |
| **gráva (á)** | aufnehmen, speichern |
| **fixeru** | Ordner, Datei |
| **mensáji** | Nachricht |
| **komputador** | Computer |
| **rátu** | Maus |

**Nha komputador sta tránkadu!**
*mein Computer sein blockiert*
Mein Computer ist abgestürzt!

**M-ka sata konsigi abri es fixeru.**
*ich-nicht [sata] erreichen öffnen dieser Ordner*
Es gelingt mir nicht, diesen Ordner zu öffnen.

# Behörden

Bis 1990 war Kap Verde ein zentralistisch regiertes Land. Seitdem gab es einige Reformen, vor allem im Wirtschaftssektor und in der Politik. Als Reisender ist man aber nicht oft auf Behörden angewiesen. Man sollte hier grundsätzlich viel Zeit mitbringen und möglichst geduldig und ruhig sein. Hilfreich ist es auch, wenn man stets freundlich und vor allem gut gekleidet auftritt. Ärger und Wut bringen einen auf keinen Fall weiter:

**Fadigádu ti oxi ka tchiga fim.**
*in-Eile bis heute nicht ankommen Ende*
Derjenige, der in Eile war, ist bis heute nicht angekommen.

*d. h.: mit Geduld und Zeit erreicht man mehr als mit Kraft und Wut!*

| | |
|---|---|
| **dimistrasom** | Verwaltung |
| **spéra (á)** | warten |
| **paxénxa** | Geduld |
| **bixa** | Schlange |
| **prinxi (e)** | ausfüllen (Formular) |
| **sina (á)** | unterschreiben |
| **sinatura** | Unterschrift |
| **dukuméntu** | Dokument |
| **kópia** | Kopie |
| **nasionalidádi** | Staatsangehörigkeit |
| **kanéta** | Stift |
| **karimbu** | Stempel |
| **kexa (á)** | sich beschweren |

**M-mesti testádu di ...**
*ich-brauchen Bescheinigung von*
Ich benötige eine Bescheinigung von ...

**Nhu prinxi es dukuméntu, nhu tra trés kopia, nhu torna bem manham.**
*Sie füllen dieser Dokument Sie ziehen drei Kopie Sie wieder-tun kommen morgen*
Füllen Sie dieses Dokument aus, machen Sie drei Kopien davon und kommen Sie morgen wieder.

## Fotografieren

Kap Verde ist ein traumhaft schönes Land, das jeden Fotografen fasziniert; ob wegen der landschaftlichen Vielfalt oder aufgrund der meist äußerst fotogenen Inselbewohner. Aber man sollte nicht einfach Personen ablichten, ohne vorher ihr Einverständnis einzuholen. Des Weiteren muss man aufpassen, dass man nicht versehentlich militärische Einrichtungen fotografiert. Hierzu können Kasernen, Polizeiposten, aber auch Flughäfen, Brücken und Straßen zählen.

| | |
|---|---|
| **mákina di tra fótu** | Fotoapparat |
| **kálka (á) na botom** | auf den Auslöser drücken |
| **mákina di filma** | Filmkamera |
| **lába (á) fótu** | Fotos entwickeln |
| **kuluridu** | in Farbe |
| **fláxa** | Blitz |
| **sukuru ku bránku** | schwarz-weiß |
| **loru / rolu** | Filmrolle |
| **tra (á) fótu** | ein Foto machen |

**Ta da pa-m tra-u fótu?**
*[ta] geben für-ich ziehen-du Foto*
Kann ich ein Foto von dir machen?

**Ta da sim!**
*[ta] geben ja*
Ja klar!

**Ka tem prabulema!**
*nicht haben Problem*
Kein Problem!

**Nau, gósi m-ka kré.**
*Nein jetzt ich-nicht wollen*
Nein, das möchte ich nicht.

Einige Personen werden vielleicht erst einwilligen, wenn man verspricht, ihnen die Fotos später zukommen zu lassen.

**Da-m / skrebê-m bu nderésu fabor.**
*geben-ich / schreiben-ich dein Adresse bitte*
Gib mir / schreib mir bitte deine Adresse (auf).

**Só m-tchiga kása, m-ta mandâ-u bu fótu.**
*sobald ich-ankommen Haus ich-[ta] schicken-du dein Foto*
Sobald ich zu Hause bin, werde ich dir dein Foto schicken.

Es kann auch vorkommen, dass Kinder oder junge Menschen Sie spontan darum bitten, von ihnen ein Foto zu machen:

**Tra-m / trá-nu fótu!**
*ziehen-ich / ziehen-wir Foto*
Mach ein Foto von mir / uns!

**Sta dretu! Suri grása!**
*sein richtig lächeln Lächeln*
Einverstanden! Lächle!

suri *ist ein Verb („lächeln"), während* grása *als Hauptwort „das Lächeln" bezeichnet.*

**Ka ta da, nha rolu dja seka!**
*nicht [ta] geben mein Filmrolle [dja] erschöpft-sein*
Es geht nicht, ich habe keinen Film mehr!

# Körper, Gesundheit & Hygiene

Auf einer Reise können immer gesundheitliche Probleme auftreten; damit Sie nicht unvorbereitet sind, hier das Wichtigste:

korpu d'algem = *der menschliche Körper*

## Die Körperteile

| | | | |
|---|---|---|---|
| **bóka** | Mund | **brásu** | Arm |
| **kabélu** | Haar | **odju'l pé** | Knöchel |
| **korasom** | Herz | **piskós** | Hals |
| **kutubélu** | Ellbogen | **pérna** | Schenkel |
| **denti** | Zahn | **dédu** | Finger |
| **kósta** | Rücken | **ómbru** | Schulter |
| **stángu** | Magen | **kadera** | Hintern, Po |
| **figa / figu** | Leber | **duedju** | Knie |
| **gargánta** | Hals, Kehle | **tripa** | Darm |
| **kanéla** | Bein | **mó** | Hand, Arm |
| **narís** | Nase | **odju** | Auge |
| **orédja** | Ohr | **osu** | Knochen |
| **peli** | Haut | **pé** | Fuß, Bein |
| **pulsu** | Handgelenk | **petu** | Brust |
| **bófi-bófi** | Lunge | **máma** | Busen, Brust |
| **kabésa** | Kopf | **bariga** | Bauch |

## Krank sein

Das Gesundheitswesen ist auf Kap Verde, im Vergleich zu anderen afrikanischen Ländern, gut ausgebaut. In allen größeren Orten gibt es Krankenhäuser oder zumindest -stationen und die Ärzte sprechen oft Englisch und manchmal sogar Deutsch. Trotzdem ist es ratsam einige grundsätzliche Regeln einzuhalten, um unangenehme Situationen zu vermeiden. Erstens sollte man kein Wasser aus der Leitung trinken und kein ungewaschenes Obst oder Gemüse essen. Des Weiteren darf man vor allem am Strand die Sonne nicht unterschätzen. Hier ein paar gängige Krankheitsbezeichnungen, die im Gespräch mit einem Arzt nützlich sein können.

| | | | |
|---|---|---|---|
| **duénsa** | Krankheit | **duenti** | krank |
| **duensi (e)** | krank werden | **saúdi** | Gesundheit |
| **anjina** | Angina | **pinisiti** | Blinddarmentzündung |
| **frida / pankáda** | Wunde, Verletzung | **spinhu** | Pickel |
| **kemadura** | Verbrennung | **kránku** | Krebs |
| **kórla** | Cholera | **retedu** | Verstopfung |
| **bariga-báxu / diariâ** | Diarrhöe | **dor** | Schmerz |
| **dué (e)** | schmerzen, weh tun | **fébri** | Fieber |
| **gripi** | Grippe | **trisa** | Hepatitis |
| **paludismu** | Malaria | **rondádi / matéria / pus** | Eiter |
| **ramatismu** | Rheumatismus | **konstipasom** | Erkältung, Schnupfen |
| **smáia (á)** | ohnmächtig werden | **ofista (á)** | sich infizieren |
| **kebra (á) mó / pé** | sich den Arm / das Bein brechen | **Sida** | Aids |
| **tósi** | Husten | **tontura** | Schwindel |

**Kabésa sata duê-m!**
*Kopf [sata] weh-tut-ich*
Ich habe Kopfschmerzen!

**M-teni dor na kósta.**
*ich-haben Schmerz in Rücken*
Mir tut der Rücken weh.

| | | | |
|---|---|---|---|
| **dotor, dotóra** | Doktor (m, w) | **médiku, médika** | Arzt (m, w) |
| **nfurmeru** | Krankenpfleger | **nfurmera** | Krankenschwester |
| **klínika** | Klinik | **séntru di saúdi** | Ambulanz, Krankenstation |
| **spital** | Krankenhaus | **nfurmariâ** | Krankenzimmer |
| **formása** | Apotheke | **postu-sakor** | Erste-Hilfe-Station |
| **midjora (á)** | besser gehen | **nestijiâ / nersijiâ** | Betäubung |
| **kumprimidu** | Tablette | **konsulta** | Sprechstunde |
| **algudom** | Baumwolle (hier: Binde) | **águ okisijenádu** | Wasserstoffperoxid |
| **gáza** | Mull | **kápis** | Kapsel |
| **kura (á)** | heilen | **kura** | Heilung |
| **nxasom** | Injektion | **operasom** | Operation |
| **raseta** | Rezept | **pénsu** | Pflaster |
| **pomáda** | Creme | **xápa** | Röntgenaufnahme |
| **ramedi** | Arzneimittel | **xarópi** | Sirup |
| **supozitóri** | Zäpfchen | **trataméntu** | Behandlung |
| **urijenti** | dringend | **balsina** | Impfung |

Daneben sei hier noch kurz auf die ramedi téra – die Volksheilkunst – hingewiesen, die einige Kapverdier als Alternative zur Schulmedizin anwenden (entweder weil das Geld fehlt, um einen Arzt aufzusuchen oder aus echter Überzeugung). Einige der Heilmittel mögen für den „aufgeklärten“ Westeuropäer ein bisschen fragwürdig scheinen – wie zum Beispiel Rum mit Knoblauch (grógu ku ádju), das den Hals von Katarrh befreien soll – andere dagegen, beispielsweise auf Pflanzenbasis, haben offensichtlich eine positive Wirkung.

*Auf den Märkten sieht man manchmal Verkäuferinnen von Heilmitteln der* ramedi téra, *die sich nicht selten ein Vergnügen daraus machen, dem Touristen die nachgesagten Erfolge der diversen Kräuter zu erklären.*

**M-mesti bai spital urijenti!**
*ich-brauchen gehen Krankenhaus dringend*
Ich muss dringend ins Krankenhaus!

**Es duénsa ka tem kura.**
*dieser Krankheit nicht haben Heilung*
Das ist eine unheilbare Krankheit.

## Persönlichen Hygiene

| | | |
|---|---|---|
| **bróxa** | Rasierpinsel | |
| **skoba di denti** | Zahnbürste | |
| **xampó** | Shampoo | |
| **unhera** | Nagelschere | |
| **kremi** | Creme | |
| **pásta-denti** | Zahnpasta | |
| **lixa (pa unha)** | Nagelfeile | |
| **spuma** | Rasiercreme | |
| **penti** | Kamm | |
| **kamisinha** | Kondom | |
| **nabádja-bárba** | Rasierapparat | *(manuell)* |
| **mákina di tra bárba** | Rasierapparat | *(elektrisch)* |
| **jileti** | Einmalrasiermesser | |
| **sabom** | Seife | |
| **sabuneti** | Duschgel | |
| **pénsu (di mudjer)** | Slipeinlage | |

## Das Badezimmer & Die Toilette

Immer mehr Häuser verfügen über moderne sanitäre Anlagen. Dennoch gibt es in vielen ärmlichen Stadtvierteln und auf dem Land weder Toilette noch Badezimmer, sondern Töpfe (piniku / katotu) oder Plumpsklos, um seine „Geschäfte“ zu verrichten und Schüsseln (basiâ) zum Waschen.

| | | |
|---|---|---|
| | **kása-bánhu** | Bad, Toilette |
| | **banhera** | Badewanne |
| | **xuveru** | Dusche |
| | **labatóri** | Waschbecken |
| | **bidé** | Bidet |
| | **letreti / sanita** | WC-Schüssel |
| | **papel d'ijeni** | Toilettenpapier |
| | **tuádja** | Handtuch |
| | **toma (á) bánhu** | sich waschen |
| | **lába (á) mó** | sich die Hände waschen |
| *(auf dem Land)* | **bá (á) kobom** | auf die Toilette gehen |

**M-mesti bá kása-bánhu.**
*ich-brauchen gehen Haus-Bad*
Ich muss auf die Toilette gehen.

**M-teni xixí / orina.**
*ich-haben Pipi / Urin*
Ich muss mal.

# Musik & Tanz

Musik, Tanz und Gesang spielen auf den Kapverdischen Inseln eine ganz spezielle und wichtige Rolle. Alle Feste und Feierlichkeiten, ob im Familienkreis oder offiziell, ja selbst politische Kundgebungen, werden durch Musik begleitet.

*Falls Sie nicht (oder nicht mehr) daran gewöhnt sein sollten zu tanzen, ist eine Reise auf den Archipel eine gute Möglichkeit, (wieder) damit anzufangen.*

| | |
|---|---|
| **bádju** | Ball, Party, Tanz |
| **buáti** | Disko |
| **kantiga** | Lied |
| **kánta (á)** | singen |
| **bádja (á)** | tanzen |
| **pésa** | Musikstück |
| **tokatina** | musikalischer Abend |
| **sála di bádju** | Tanzsaal |
| **som** | Ton, Tonqualität |

*(oft auch spontan)*

**Oxi, ês ta poi som / bádju na Djom.**
*heute sie [ta] stellen Ton / Party in Johannes*
Es gibt heute bei Johannes eine Party.

| | |
|---|---|
| **gáita** | Akkordeon |
| **bióla / vióla** | Gitarre |
| **kavakinhu** | kleine Gitarre |
| **tamboru** | Trommel |
| **tumba** | Tamtam |

*(Schlaginstrument)*

**Nu ta bádja só kel pésa, pamódi m-tem ki bai gósi-li!**
*wir [ta] tanzen nur dieser Stück weil ich-haben dass gehen jetzt-hier*
Wir können nur dieses Lied tanzen, weil ich bald weg muss!

## Die Klänge der Inseln

*Falls Sie im Sommer auf den Inseln sein sollten, verpassen Sie auf keinen Fall die Musikfestivals von Baía auf São Vicente und Gamboa auf Santiago!*

Die Musik des Archipels ist wohl die originellste Möglichkeit, die Tiefe der insularen Seele zu ergründen; ein wichtiger Bestandteil also, um Fundamentales über Lebensanschauung und Sichtweise auf den Inseln zu verstehen. Wer über kapverdische Musik sprechen möchte, sollte unbedingt die Namen der vier Hauptmusikrichtungen und deren Merkmale kennen.

### Batuku

Der wahrscheinlich ursprünglichste Musikstil Kap Verdes stammt aus Santiago und ist eine Art Ritualtanz, bei dem der starke afrikanische Einfluss unverkennbar ist.

Meist tragen eine oder mehrere Sängerinnen auf dem Rhythmus der Trommlerinnen – diese klatschen mit ihren Händen und produzieren Laute durch das Schlagen auf Tücher oder mit Stoffresten und Kleidungsstücken gefüllte Plastiktüten, die zwischen ihren Schenkeln eingeklemmt sind – Geschichten, Neuigkeiten und Gerüchte vor, angereichert durch bekannte Phrasen und Themen, die oft vom Chor der Trommlerinnen wiederholt werden.

Diese gesungenen Themen nennt man finasom. Die berühmtesten Sängerinnen des finasom sind zurzeit u. a. Nasiâ Gómi und Nha Bibina Kabral. Die Tänzerinnen schwingen dazu die Hüften (da ku tornu) und wiegen sich immer schneller im Rhythmus, bis sie in einen tranceartigen Zustand fallen, bei dem ihre Körper vibrieren.

### Funaná

Auch der Funaná ist typisch für Santiago. Er wird mit einem diatonischen Akkordeon und verschiedenen Percussion-Instrumenten gespielt. Es handelt sich um eine äußerst schnelle Stilrichtung, die sich durch Energie und Ergriffenheit auszeichnet. Funaná wird eng getanzt und daher als sehr erotisch wahrgenommen. Aktuelle Interpreten sind z. B. Ferro Gaita, Taizes, Os Amigos und viele mehr.

**M-ka sabi bádja funaná.**
*ich-nicht wissen tanzen Funaná*
Ich kann nicht Funaná tanzen.

**Bu podi nxinâ-m é módi?**
*du können zeigen-ich sein wie*
Kannst du mir zeigen, wie es geht?

### Koladera

Dieser schnelle Rhythmus ist bei weitem der typischste und beliebteste Tanz im Norden des Archipels. Die Liedtexte sind humorvoll, nicht selten sarkastisch, und die Musik zeigt deutliche Einflüsse des karibischen Zouk sowie des brasilianischen Samba.

### Mórna

*Wichtige Vertreter der Mórna und Koladera sind z. B. Cesária Évora, Tito Paris und Lura.*

Die trübselige, moll-lastige Mórna hat einen langsamen Rhythmus mit schmachtenden, melancholischen Akzenten, die an den portugiesischen Fado erinnern. Man sagt, sie sei ursprünglich auf Boa Vista und Brava entstanden. Gespielt wird Mórna mit Gitarren, kavakinhu (kleine 4-saitige Gitarre) und bióla (eine 6-saitige Gitarre), und die Texte sind voller sodádi, diesem typischen Gefühl aus Sehnsucht, Nostalgie und Heimweh, das man auch in Portugal und Brasilien kennt.

Die vier Musikrichtungen sind immer ein beliebtes Gesprächsthema unter den Einheimischen und sie werden häufig besungen, wie z. B. in dieser Strophe eines berühmten Liedes von Cesária Évora in ihrem Album „Cesária“:

*Dieses Lied ist im Dialekt von São Vicente verfasst, dadurch entfallen ab und zu die Endvokale* i *und* u *wie bei* póbr *statt* póbri, sáb *statt* sábi *und* batuk *statt* batuku. *Auch wird* -rr- *hier wie zwei hochdeutsche „r“ – also nicht gerollt – gesprochen. Lassen Sie sich durch diese regionalen Varianten nicht verunsichern!*

**Térra póbr, xei d'amor /**
**Tem mórna, tem koladera.**
*Land arm voll von'Liebe /*
*haben Mórna haben Koladera*
O armes Land, gefüllt von Liebe /
mit deiner Mórna und deiner Koladera.

**Térra sáb, xei d'amor /**
**Tem batuk, tem funaná.**
*Land angenehm voll von'Liebe /*
*haben Batuku haben Funaná*
Süßes Land, gefüllt von Liebe /
mit deinem Batuku und deiner Funaná.

## Sport

Golf, Tennis, Surfen und Tauchen sind die Hauptsportarten, die von Touristen auf den Kapverdischen Inseln ausgeübt werden, unter den Einheimischen dagegen ist Fußball (futibol) bei weitem der beliebteste sportliche Zeitvertreib. Neben einer regionalen Lieblingsmannschaft hat so ziemlich jeder Kapverdier auch in der portugiesischen Liga ein bevorzugtes Team: meist Benfica, Sporting oder Futebol Clube do Porto.

*Wer mitreden möchte, sollte sich vor dem Urlaub ein wenig in die 1. Liga Portugals einlesen!*

| | |
|---|---|
| **disportu** | Sport |
| **bóla** | Ball |
| **timi / ikipa** | Mannschaft |
| **redia** | Tor |
| **guárda-redia** | Torwart |
| **djugador** | Spieler |
| **márka (á) / meti (e) / po (o) golu** | ein Tor machen |
| **téni / tenis** | Tennis |
| **sarfi** | Surfen |
| **murgudja (á)** | tauchen |

# Religion

*Das wichtigste religiöse Fest auf den Kapverdischen Inseln ist der Aschermittwoch,* Sinsas.

Mehr als 90 % der Kapverdier sind katholisch. Kurz, der katholische Glaube prägt die gesamte insulare Gesellschaft und selbst wenn Sie nicht viel mit Religion zu tun haben sollten, ist es gut, einiges über dieses Thema zu wissen, um das Land und seine Leute besser zu verstehen.

| | | | |
|---|---|---|---|
| **rilijom** | Religion | **álma** | Seele |
| **katólku** | Katholik | **Diós / Deus / Dés** | Gott |
| **grexa** | Kirche | **nférnu** | Hölle |
| **bispru** | Bischof | **bensi (e)** | sich bekreuzigen |
| **misa** | (hlg.) Messe | **milágri** | Wunder |
| **Natal** | Weihnachten | **irmâ** | Nonne |
| **pápa** | Papst | **Páskua** | Ostern |
| **pekádu** | Sünde | **(nhu) pádri** | Priester |
| **rása (á)** | beten | **prisisom** | Prozession |
| **gulória / paraízu** | Paradies | **adiventista** | Siebenten-Tags-Adventisten (STA) |
| **djudeu** | Jude | **musulmánu** | Moslem |
| **nazarénu** | Nazarener | **prutestánti** | Protestant |

## Die Taufe

Die Taufe (botisádu) ist für die Katholiken der Inseln ein besonders heiliges Fest. Die Bande, die das Patenkind (fidjádu) mit dessen Paten (padrinhu) und Patin (madrinha) verbindet, ist traditionell vergleichbar mit der, der eigentlichen, biologischen Eltern. Das Wort armum

(Bruder oder Schwester) bezeichnet auf Kiriolu auch das eigene Patenkind, welches wiederum seine Pateneltern bei jedem Treffen um deren Segen bitten sollte.

## Der Segen

Auf Brava, Fogo, Maio und Santiago ist es immer noch üblich, dass – wenn zwei Personen unterschiedlicher Generationen aufeinander treffen – der Jüngere den Älteren um dessen Segen (bénsu oder bensom) bittet. Dies geschieht, indem man die rechte Hand ausstreckt, die Handfläche nach oben dreht und die folgende Formel ausspricht. Auch als Tourist kann man dies tun und bekundet damit ein ernstes Interesse an den Traditionen der Inseln. Der Segnende spricht daraufhin einen Segen aus.

*Doch Vorsicht! In Praia oder Mindelo kann die Bitte um den Segen von jemandem dazu führen, dass alle Anwesenden in Gelächter ausbrechen!*

**Da-m bénsu!**
*geben-ich Segen*
Gib mir deinen Segen!

**Diós dá-nu pás!**
*Gott geben-wir Frieden*
Gott gib uns Frieden!

**Diós kiriá-nu ku saúdi!**
*Gott errichten-wir mit Gesundheit*
Dass Gott uns wachsen lasse und uns gesund halte!

**Diós librá-nu di bóka-pekador!**
*Gott bewahren-wir von Mund-Sünder*
Möge Gott uns vor bösen Reden bewahren!

*Die gesegnete Person führt daraufhin die Handfläche an die Stirn, um zu zeigen, dass sie den Segen erhalten hat.*

**Sántu di nós nómi, ánxu di nós guárda!**
*Heiliger von unserer Namen Engel von unserer Wache*
Möge der Heilige, dessen Namen wir tragen, uns wie unser Schutzengel beschützen!

## Die Feste der Dorfheiligen

Ähnlich wie in vielen Ländern Südeuropas werden auch in den Dörfern auf Kap Verde Feste zu Ehren der Heiligen (désta di sántu) gefeiert. Bei diesen Feierlichkeiten finden verschiedene religiöse Zeremonien und Prozessionen statt, die Familien des Dorfes bereiten gemeinsam eine große Menge Essen zu und am Vorabend (béspra) gibt es immer einen Tanzball (bádju). Auf diesen Dorffesten sind durchreisende Gäste übrigens immer willkommen!

## Andere inoffizielle Zeremonien

Andere christliche Feste, die von der Kirche allerdings nicht anerkannt sind, sind:

| | |
|---|---|
| **Séti** | Ein Fest, das sieben Tage nach der Geburt eines Kindes gefeiert wird. |
| **Kristom** | Eine Art Taufe, die vor der offiziellen Taufe durchgeführt wird, um die Seele des Kindes zu schützen, sollte es vor Erhalt des Sakraments sterben. |
| **Résa** | Gemeinsame Gesänge und Gebete, die in Gedenken an einen Toten durchgeführt werden. |

# Liebe & Freundschaft

Es ist einfach, auf den Kapverdischen Inseln Freunde zu gewinnen oder sich zu verlieben. Die Einwohner des Archipels sind schnell und ungehemmt, wenn es darum geht, mit Fremden in Kontakt zu treten; bei Ausländern genügt es oftmals bereits, wenn diese sich für die Kultur und die Menschen des Landes interessieren. Allerdings sind die Vorstellungen von Freundschaft manchmal anders als bei uns. So ist es möglich, dass Ihr Gesprächspartner Ihnen bereits nach einer Viertelstunde sagt, dass Sie sein Freund (amigu) geworden seien.

*Der Begriff „Freund“ hat nicht die gleiche Bedeutung wie im Deutschen.* Amigu *kann ohne weiteres auch verwendet werden, um eine Person zu bezeichnen, die einem sofort sympathisch ist.*

| | | |
|---|---|---|
| **karinhu** | Zuneigung | |
| **gosta (á) di** | lieben | |
| **amigu, amiga** | Freund, Freundin | |
| **amizádi** | Freundschaft, Liebschaft | |
| **amor** | Liebe | |
| **namora (á)** | eine Beziehung haben | |
| **bokinha / beju** | Kuss | |
| **bunitu, bunita** | schön, hübsch (m/w) | |
| **kré-tcheu** | Liebling | |
| **paxom** | Leidenschaft | |
| **mós** | Freund | *(Liebesbeziehung)* |
| **mémbra / minina** | Freundin | *(Liebesbeziehung)* |
| **xinti (i)** | empfinden | |
| **sintiméntu** | Gefühl | |
| **sufri (i)** | leiden | *(insbesondere aus Liebeskummer!)* |
| **ternura** | Zärtlichkeit | |

**Kusé bu ta toma?**
*was du [ta] nehmen*
Was willst du trinken?

**Bu ta bádja ku mi?**
*du [ta] tanzen mit ich*
Willst du mit mir tanzen?

Und so lässt man seinen Gefühlen auf Kiriolu freien Lauf:

**A-bo é bunita / bunitu!**
*du sein schön(w)/(m)*
Du bist sehr hübsch!

**Mi é dodu na bo.**
*ich sein verrückt in du*
Ich bin verrückt nach dir.

**Dja-m paxona pa bo.**
*[dja]-ich verlieben für du*
Ich bin in dich verliebt.

**M-gosta di bo.**
*ich-lieben von du*
Ich liebe dich.

**S-u sabeba kusé ki-m ta xinti pa bo!**
*wenn-du wissen-[ba] was dass-ich [ta] empfinden für du*
Wenn du wüsstest, was ich für dich empfinde!

Tja, wenn Amors Pfeil einen dann so richtig erwischt hat, dann bleibt vielleicht nur noch eines zu sagen:

**Dja-m kré kása ku bo.**
*[dja]-ich wollen heiraten mit du*
Ich will dich heiraten.

Und schon steht einem längeren Aufenthalt in Kap Verde nichts mehr im Weg!

# Der Dialekt São Vicentes

Das Kiriolu kennt zahlreiche Varianten, faktisch spricht jede Insel des Archipels ihren eigenen Dialekt. So erscheint es mir unerlässlich, Ihnen zumindest einige Elemente des Dialekts von São Vicente (SV) vorzustellen.

*Diese Variante wird von etwa 16-17 % aller Einwohner gesprochen und genießt im – Barlavento genannten – Norden Cabo Verdes insgesamt ein hohes Ansehen. Außerdem weist dieser wichtige Dialekt auch einige entscheidende Unterschiede zu dem, in diesem Buch vorgestellten Kiriolu der Insel Santiago (ST) auf.*

## Aussprache

Das s wird häufig als deutsches „sch“ wie in „**Sch**ein“, am Wortende eher wie „j“ in „**J**ournal“ ausgesprochen.

„er hat ihn vergessen“, „Frieden“
ST: **e skesê-l, pás** [e ßkéßél, paß]
SV: **el skesê-l, pás** [él schkéßél, paj]

Die unbetonten Vokale u und i des Dialekts von Santiago werden im Dialekt São Vicentes meist nicht ausgesprochen.

„hübsch“, „richtig“, „glücklich“, „Sehnsucht“
ST: **bunitu, dretu, filís, sodádi**
SV: **bnit, dret, flis, sodad** [bnit, drét, flij, ßôdad]

Folgt im Dialekt Santiagos auf eine Silbe mit â oder á ein unbetontes u, verwandelt sich dies in der Variante São Vicentes in ó, während der Endvokal gänzlich verschwindet.

„er hat dich gesehen / uns gesehen“, „müde“
ST: **e odjâ-bu, e odjá-nu, kansádu**
SV: **el oió-b, el oió-n, kansód**
[el ojób, el ojón, köngßód]

Das r am Wortanfang und das rr in der Mitte oder am Ende eines Wortes wird auf São

# Der Dialekt São Vicentes

*Achtung: Auch auf São Vicente kennt man das gerollte* r *in vielen Wörtern wie* fóra *„draußen" und* amor *„Liebe". Auf Maio dagegen wird* r *durchwegs ungerollt gesprochen.*

Vicente und allgemein im Norden des Archipels oft ungerollt wie im Hochdeutschen gesprochen.

„Fels", „Land", „Auto"
ST: **rótcha, téra, káru**
(mit gerolltem r wie auf Italienisch)
SV: **rótcha, térra, kórr** (das r und die rr werden ausgesprochen wie auf Hochdeutsch).

## Grammatik

Die persönlichen Fürwörter (in Verbindung mit einem Verb) weisen im Dialekt São Vicentes gegenüber dem Santiagos einige große Unterschiede auf: m- (ST) wird zu um (SV), bu (ST) zu bo und die 3. Person Einzahl ist statt e (ST) im Norden el.

**E kánta.** (ST)
Er hat gesungen.

**El kantá.** (SV)
Er hat gesungen.

Die respektvolle Sie-Form ist in SV bosê (Mz: bosês), während das ST nur eine Einzahlform (nhu/nha) kennt.

*Beachten Sie, dass das Verb* sta *„sein", „sich befinden" etc. in SV zu* tá *wird.*

**Nhu/nha sta dretu?** (ST)
*Sie sein richtig*
Geht es Ihnen (m/w) gut?

**Bosê tá dret?** (SV)
*Sie sein richtig*
Geht es Ihnen gut? (m und w identisch)

**Nhós sta dretu?** (ST)
*ihr sein richtig*
Geht es euch gut?

**Bzot tá dret?** (SV)
*ihr sein richtig*
Geht es euch gut?

*Die 2. Person Mehrzahl (ihr) ist in SV* bzot, *während sie in ST* nhós *lautet.*

Im Dialekt São Vicentes entspricht ti tá dem Wort sata.

**M-sata kánta.** (ST)
*ich [sata] singen*
Ich singe gerade.

**Um ti tá kantá.** (SV)
*ich [ti tá] singen*
Ich singe gerade.

Auch auf São Vicente unterscheidet man starke und schwache Verben:

**El kantá.**
Er hat gesungen.

**El sabê.**
Er weiß.

Jedoch kennt dieser Dialekt nur fünf starke Verben – 15 auf Santiago. Diese sind: tá, tem, kré, podê, sabê (sein/sich befinden, haben, wollen/möchten, können und wissen).

*Aber all diese Unterschiede behindern im Allgemeinen nicht die Verständigung zwischen den Kapverdiern. Auf welcher Insel also Sie sich auch befinden mögen, sprechen Sie Kiriolu! Sie werden sehen, dass Sie sich schnell an die jeweiligen örtlichen Variationen – die alle ihre eigenen Reize haben – gewöhnen werden.*

## Vokabular

Grundsätzlich ähneln sich die meisten Begriffe der einzelnen Dialekte, dennoch existieren einige auffällige Unterschiede wie die Verben „sagen" – fla in ST und dzê in SV – oder „sprechen" – papia in ST und falá in SV. Für Santiagos gósi-li „jetzt gerade" findet sich in São Vicente grinhasim und Santiagos porku „Schwein" wird in São Vicente zu tchuk usw.

# Literaturhinweise

Möchten Sie sich näher mit dem Kiriolu befassen, empfehlen wir Ihnen folgende Bücher:

*Die hier genannten Bücher und Schriften sind nicht über den Reise Know-How Verlag erhältlich. Bitte wenden Sie sich an Ihre Buchhandlung oder eine Bibliothek.*

Als einzig deutschsprachiges Werk sei hier das Wörterbuch **Dicionário do Crioulo da Ilha de Santiago - Alemão** (Hg. v. Jürgen Lang: Tübingen 2002) erwähnt.

Alle anderen nennenswerten Werke sind auf Portugiesisch und am besten auf den Inseln zu erwerben.

**Bilinguismo ou Diglossia** (Dulce Almada Duarte, 1998)

**O crioulo de Cabo Verde: Introdução à gramática** (Manuel Veiga, 1995: Kiriolu Santiagos und São Vicentes)

**Dicionário de Caboverdiano-Português** (Nicolas Quint, 1998), als Buch, CD-Rom und online Version auf:
http://www.priberam.pt/dcvpo/ dcvpo.aspx

**Dicionário Prático Português Cabo-verdiano - Crioulo de Santiago** (Mafalda Mendes, Nicolas Quint, Fátima Ragageles, Aires Semedo, 2002)

**O Cabo-verdiano em 45 Lições** (Manuel Veiga, 2002: Kiriolu Santiagos und São Vicentes)

Auch auf Französisch und Englisch gibt es einiges Nützliches:

**Le créole du Cap-Vert. Etude grammaticale descriptive et contrastive** (Manuel Veiga, 2000: Beispiele im Kiriolu São Vicentes und Santiagos)

**Dictionnaire français-cap-verdien** (Nicolas Quint, 1997)

**Grammaire de la langue cap-verdienne: Étude descriptive et compréhensive du créole afro-portugais des Iles du Cap-Vert** (Nicolas Quint, 2000)

**Dictionnaire Cap-Verdien/Français** (Nicolas Quint, 2000: Crioulo de Santiago)

**Pa nu papia kriolu** (Manuel da Luz Gonçalves & Lelia Lomba De Andrade, 2003)

**Parlons capverdien: Langue et culture** (Nicolas Quint, Aires Semedo, 2003: Kiriolu Santiagos und ein Kapitel zu den Unterschieden São Vicentes)

# Wörterliste Deutsch – Kiriolu

JE

Die Wörterlisten enthalten jeweils etwa 1000 Wörter; die einen soliden Grundwortschatz darstellen. Vokabular, das besser in den einzelnen Kapiteln gefunden werden kann, ist hier nicht aufgenommen. Bei den Verben werden die auschlaggebenden Vokale der Beugungsmodelle angegeben:

**kánta (á)** *singen*
**sabi (e)** *wissen*

## A

**Abend** noti
**Abendessen** djánta
**aber** má
**Abhang** ladera
**abreisen** parti (i)
**abschleppen** raboka (á)
**absichtlich** kázu (di)
**Abstieg** dixida
**Achtung!** kudádu!
**Adresse** moráda; nderésu; diresom
**Affe** makáku; sántchu
**alle** tud'algem
**alles** tudu (kusa)
**Almosen** sumóla
**als** kántu (ki)
**also** ntom; ontom
**Also wirklich!** diáxi!
**alte Frau** bédja
**Alter** bedjisa; idádi
**alter Mann** bedju
**ältere Person** algem d'idádi
**am Rand von** bera (di)
**Ampel** sinal di lus
**andere(-r)** otu
**ändern (sich)** troka (á)
**Angelegenheit** asuntu
**angenehm** sábi
**Angst** médu
**anhalten** pára (á)
**ankommen** tchiga (á)
**anlassen** ránka (á)
**anmachen (z. B. Licht)** sendi (e)
**Anruf** xamáda
**anrufen (Telefon)** liga (á) pa
**anziehen (sich)** bisti (i)
**Arbeit** trabádju
**arbeiten** trabádja (á)
**arbeitslos** sem trabádju
**Arm** brásu; mó
**arm** póbri; próbi; koitádu
**Armenviertel** kása-láta
**Armut** pobréza; probésa
**Arzt** médiku; dotor
**Ärztin** dotóra; médika
**Au!** ui!
**auf** riba; ruba ; na
**auf dem Rücken tragen** bombu (u)
**auf diese Weise** a-si
**aufhängen (Wäsche)** prinda (á); stendi (e)
**aufpumpen (Reifen)** intchi (i)
**aufstehen** labánta (á); manxi (e)
**Aufstieg** subida
**aufwachen** manxi (e)
**aufziehen (Tiere, Kinder)** kiria (á)
**Aufzug** levador
**Auge** odju
**aus dem Grund, dass** dja ki
**aus Santiago** badiu
**ausführen** kumpri (i)
**ausmachen** pága (á)
**ausreichen** tchiga (á)
**ausrutschen** lolu (o)
**ausschalten** pága (á)
**außer** trándu; fóra (di)
**außerdem** aliás

**außerhalb von** fóra (di)
**auswandern** mbárka (á)
**Auto** káru
**Autowerkstatt** ofisina

## B

**Baby** mininu
**Bäckerei** padariâ
**Bad** bánhu; kása-bánhu
**Badeanzug, Badehose** fátu-bánhu
**Badewanne** banhera
**bald** lógu
**Ball** bóla; bádju
**Banane** banána
**Bank** bánku
**Bankkonto** kónta
**Bar** bár
**bar; Barzahlung** dinheru limpu na mó
**Batterie** batariâ
**Bauch** bariga
**Baum** pé di pó; plánta
**Baumwolle** algudom
**Baumwolltuch** pam di téra
**Beamter** finsionári públiku
**beenden** kába (á); seka (á)
**befreien** libra (á)
**bei** na
**Bein** kanéla; pé
**bekannt** famádu
**bellen** ládra (á)
**Berg** munti
**bersten** rabenta (á)
**berühmt** famádu
**beschäftigt** okupádu
**Bescheinigung** testádu
**beschweren (sich)** kexa (á)
**Besen** basora
**besitzen** tem (em)
**besser** midjor
**besser werden** midjora (á)
**bestätigen (Flug)** konfirma (á)
**bestreuen** sunsui (i)
**Betäubung** nersijiâ, nestijiâ
**beten** rása (á)
**Bett** káma
**Bett machen** stendi (e) káma
**Bettbezug** kóltcha
**Bettler** mindingu; sumoleru
**bewahren** libra (á)
**bezahlen** pága (á)
**Bibliothek** biblioléka
**Bier** sarabedja; serveja
**Biest** bitchu
**billig** barátu
**bis** ti
**bis dass** tóki
**Bischof** bispru
**bitte** fabor; favor
**bitter** malgós; margós
**Blatt** pádja
**blau** azul
**bleiben** fika (á)
**blinkend** piska-piska
**Blitz** fláxa
**Bluse** buluza
**Blutwurst** tchorís
**Boden** tchom
**Bohne (versch. Arten)** fixom (fixom-pédra); mbónxi; sapatinha
**Botschaft** mbaxáda
**Botschafter** mbaxador
**Botschafterin** mbaxadóra
**brauchen** mesti (e)
**breit** lárgu
**bremsen** tráva (á)
**Brief** kárta
**Briefmarke** sélu
**Briefumschlag** nvulópi, nvulópu
**bringen** tarsi (e)
**Brot** pom
**Bruder** armum (mátchu)
**Brunnen** posu; funti
**Brust** máma; petu
**bügeln (Wäsche)** lisa (á)
**Bulle** djáki
**bunt** kuluridu
**Bürgersteig** paseiu
**Bus** otokáru
**Bushaltestelle** kau-pára
**Butter** mantega

## C/D

**Cabo Verde** Kau Berdi
**Chlorwasser (zum Desinfizieren)** lixibia
**Cholera** kórla
**Couch** stufá
**Creme** pomáda

**da** dja ki; la
**dabei sein** sata
**Damenbinde** pénsu di mudjer
**damit** pa
**danach** dispós
**danke** obrigádu
**dann** dispós; lógu
**dass** ki; pa
**Dattel(-baum)** tâmbra
**dauern** dura (á)
**davor** diánti, frenti
**Decke** kubérta
**dein(-e)** bu
**deshalb; deswegen** purisu
**dick** gordu
**die ganze Zeit** tud'óra
**diese (Mz)** kes
**diese(-r)** kel
**Diesel** gazol
**dieser da; diese da; das** ke(l)-la
**dieser hier; diese hier; dies** ke(l)-li
**dieses hier** es
**direkt** um bés bai
**Disko** buáti
**Doktor** dotor
**Dokument** dukuméntu
**Dollar** dóla
**Donnerwetter! (Überraschung)** iii!
**Dorf** zóna
**dornig (Pflanze)** spinhera
**dort** la
**dort ist** a-la
**Dose** káxa
**dreckig** xuxu
**drehen (sich)** bira (á)
**dringend** urijenti
**drinnen** déntu
**dritte(-r)** tirseru
**drücken auf** kálka (á) na
**du** bu
**dumm** buru
**dunkel** sukuru
**dünn** mágru
**durch** pa
**Durst** sedi
**Dusche** xuveru
**Dutzend** dusia, duzia

## E

**Ebene** bársi
**Ecke (z. B. einer Straße)** skina
**Ehemann** maridu
**Ei** óbu
**Eidechse** lagartixa
**ein anderer** otrum
**ein gewisser** algum
**ein Uhr** uma
**Einbahnstraße** sintidu probidu
**eine** uma
**einer; eins** um
**einfach** fáxi
**Eingeweide (von Geflügel)** pipixu
**einige** algum
**einkaufen** fasi (e) kómpra
**einladen** kumbida (á)
**einschalten** sendi (e)
**Einschreiben (Post)** rajistádu
**1000 Escudos** kontu
**einverstanden** d'akordu
**Einzelfahrschein** só di bai
**Eis** jeládu
**Eisen** féru
**Elend** mizéria
**Eltern** mai ku pai
**empfinden** xinti (i)
**Ende** fim
**enden** kába (á); seka (á)
**eng** pertádu
**Engel** ánxu
**Enkel** nétu
**Ente** pátu
**enthalten sein** kebi (e)
**entschuldigen** diskulpa (á)
**entwickeln (Fotos)** lába (á)
**er** e
**erbärmlich** sem-pra-kenha; koitádu
**Erbse** kongu
**Erdnuss** mankára
**erfüllen** kumpri (i)
**erhalten** konsigi (i)
**Erinnerung** lembránsa
**erklären** splika (á)
**Ernte(-zeit)** azágua
**ernten (Mais)** korta (á)
**ernten (v. a. Bohnen)** kodji (e)
**erscheinen** parsi (e)
**Erwachsener** algem grándi
**erzählen** konta (á)
**es gibt** tem (em)
**es gibt (nur) wenige** ka dura
**es ist möglich, dass** al
**Escudo (kapverdische Währung)** merés; xkudu
**Esel** buru
**Esszimmer** sála-djánta

**etwas wieder tun** torna (á)
**Euro** eru; oru
**Europa** Orópa

## F

**fahren (Fahrzeug)** ánda (á); giâ (á)
**Fahrer** konditor
**Fahrerin** konditóra
**Fahrkarte** bilieti
**Fahrrad** biskiléta
**Fahrschein** pasáji
**Falke** fransedja
**Farbe** kor; tinta
**fast** kuáji
**Feder** péna
**fegen** bari (i)
**Fels** rótcha
**Fenster** jinéla
**Ferkel** litom
**fermentiert (Milch)** durmidu
**Fest** festa
**festbinden** mára (á)
**festgebunden** marádu
**fett** gordu
**Feuer** lumi
**Fieber** fébri
**Film (Foto)** loru; rolu
**finden** átcha (á)
**Finger** dédu
**Fisch** pexi
**fischen** piska (á)
**Fischer** piskador
**Fischerboot** bóti; lántcha
**Fischfang** péska
**Fleisch** kárni
**Fliege** móska
**fliegen** buâ (á)
**Flughafen** oroportu
**Flugzeug** aviom
**folgen** sigi (i)
**Fotoapparat** mákina di tra fótu
**fotografieren** tra (á) fótu
**Fotokopie** kópia
**Frau** mudjer
**frei** libru; livri
**Freund** amigu; mós
**Freundin** amiga; mémbra
**Freundschaft** amizádi
**Frieden** pás
**frisch** frésku
**Frosch** sápu
**Frucht** fruta
**früh** sédu
**früher** um bés; diantádu
**Frühstück** kebra-djudjum; kafé
**fühlen** xinti (i)
**Führerschein** kárta di kondusom
**für** pa
**Fuß** pé
**Fußball** futibol

## G

**Gabel** gárfu
**Gang** koredor
**Gasse** béku
**Gast** óspri
**Gastfreundlichkeit** gazádju
**Gebäude** predi, prédiu
**geben** da (á)
**Gedanke** pensaméntu; xintidu
**Geduld** paxénxa
**Gefährte, Kollege, Kumpan** kumpanheru
**Gefälle** ladera
**Gefühl** sintiméntu
**gegen** kóntra
**gegenüber von** frenti-frenti ku
**Gehalt** vensiméntu
**geheim** segrédu
**gehen** bá / bái (á); ánda (á)
**gekocht** kusiádu
**Geld** dinheru
**gelingen** konsigi (i)
**Gemüse** berdura
**genau** mpontu;própi
**geöffnet** abértu
**Gepäck** bagáji; kárga
**Gepäck aufnehmen** rajista (á) bagáji
**gepflastert (Straße)** kalsitádu
**gerade richten** dismopi (i)
**geradeaus** um bés; rétu
**Gericht (juristisch)** trubunal
**gesalzen** salgádu
**gesalzener Krapfen** pastell
**Geschäft** nogósi
**Geschirr** losa
**geschlossen** fitchádu
**Geschwindigkeit** vlosidádi
**gestern** ónti
**Gesundheit** saúdi
**gewinnen** gánha (á)
**gewöhnen (sich an**

**etwas)** kustuma (á)
**Gitarre** bióla; vióla
**gleich** kel óra; gósi-li; mé
**Gott sei Dank!** grásas-a Diós!
**Gras** pádja
**Greis** bedju
**Grippe** gripi
**groß** grándi; áltu
**großer Koffer; Truhe** mála
**grün** berdi
**Grund** fundu
**Gruß** mantenha
**Gürtel** sintu
**gut** bem; bom; fixi; dretu
**Gymnasium** liseu

## H

**Haar(-e)** kabélu
**haben** tem (em)
**Hacke** nxáda
**Hafen** kais; portu
**halb (und)** mei; imeiu
**halb (Uhrzeit)** imeia
**Hälfte** metádi
**Hals** piskós; gargánta
**halten** kebi (e)
**Haltestelle (Autobus)** paráji
**Hand** mó
**Handel** nogósi
**handeln (Preis)** dixi (i)
**handeln von** tráta (á) di
**Händler (auf dem Land)** rabidánti
**hart** rixu
**Hase** kuedju
**hässlich** feiu
**Hauptstadt** kapital; sidádi
**Haus** kása
**Haushaltsangestellte** mpregáda
**Haut** peli
**He du!** pisiu!
**heilig** sántu
**Heilung** kura
**Heim** fogom
**heiraten** kása (á)
**heiß** kenti
**heißen** tchoma (á)
**Heizung** radiador
**Hemd** kamisa
**herausnehmen** tra (á)
**herb** marádu
**hereinkommen** entra (á)
**heute** oxi
**hier** li
**hier ganz nah** lisinsim
**hier ist** a-li
**Hilfe (finanziell)** djuda
**Hilfe!** sakor!
**Himmel** seu
**Hin- und Rückfahrt** bai ku bem
**hinaufsteigen, hinaufgehen** subi (i)
**hinten** trás di
**Hintern** kadera
**hinuntergehen** dixi (i)
**Hitze** kentura
**hoch** áltu
**Hochplateau (Gebirge)** tcháda
**Hochwasser** tcheia
**Hocker** moxu
**Hölle** nférnu
**hören** obi (i)
**Hose** kálsa
**Hotel** otel
**hübsch** bunitu, bunita
**Hüften schwingen (beim Tanz)** da (á) ku tornu
**Hügel** kutélu
**Hummel** fonfom
**Hund** katchor
**Hunger** fómi
**Husten** tósi
**Hut** tchapeu

## I

**ich** m-
**Idee** idiâ
**ihr** ses; nhós; si
**im Augenblick** gósi-li
**immer** sempri; tud'óra
**in** déntu; na
**in dem Maße, wie** sima
**in der Mitte von** na mei di
**in Eile** fadigádu
**in Wasser gekocht** kusidu
**infizieren (sich)** ofista (á)
**Injektion** nxasom
**Insekt** bitchu
**Insel** ilia
**intelligent** spértu
**ist** é

## J

**Ja** aiam; sim
**Jacke** kasáku
**Jahr** ánu

**Jahreszeit** témpu
**Jahrhundert** séklu, séku
**jede(-r)** kada
**jem. besuchen** pundi (e); undi (e)
**jem. passen (recht sein)** da (á)
**jemand** algem
**Jesus Maria!** Abé-Maria!
**jetzt** gósi
**Joghurt** iogurti
**Journalist (-in)** jornalista
**jucken** kosa (á)
**Jude** djudeu
**jung** nóbu
**Junge** mós; rapás
**junger Mann** rapás
**junges Mädchen** minina

## K

**Kaffee** kafé
**Kalb** bixéru
**kalt** friu
**Kälte** firiésa; friu
**Kamera** mákina di filma
**Kamm** penti
**kämmen** pentia (á)
**Kanada** Kanadá
**kanadisch** kanadiánu
**Kaninchen** kuedju
**Kapsel (z. B. Tablette)** kápis
**Kapverdianer(-in)** kiriolu
**kapverdisch** berdiánu
**Karotte** sinora
**Karten (zum Spielen)** kárta
**Kartoffel** batáta ngléza
**Käse** kexu
**kassieren** kobra (á)
**Katholik** katólku
**Katze** gátu
**kaufen** kumpra (á)
**Kehle** gargánta
**keine(-r)** num; nunhum
**kennen** konxi (e)
**Kerze** véla
**Kind (von jemandem)** fidju
**Kino** sinéma
**Kirche** grexa
**klar** kláru
**Kleid** bistidu
**klein** pikinóti
**Kleinbus** iási
**kleine Insel** djeu
**kleine Stadt** bila
**kleines Tier** bitchu
**Kleinkind** mininu
**Klima** klima
**Klimaanlage** ár kondisionádu
**Klinik** klínika
**Kneipe** bár
**Knie** duedju
**Knoblauch** ádju
**Knochen** osu
**Knopf (Maschine, Kleidung)** botom
**Kochstelle** fogom
**Koffer** maléta
**Kohl** kobi; rapodju
**Kokosnuss; Kokospalme** koku
**Kokosnussöl** axim
**kommen** bem (em)
**kommen aus** dja
**komplett** xeiu
**komprimiert** kumprimidu
**Kondom** kamisinha
**können** podi (e)
**Konsultation (med.)** konsulta
**Kopf** kabésa
**Kopftuch** pánu
**Kopie** kópia
**kopieren** tra (á) kópia
**Körper** korpu
**Kraft** fórsa
**Krake** polbu, polvu
**krank** duenti
**krank werden** duensi (e)
**Krankenhaus** spital
**Krankenstation** nfurmariâ
**Krankheit** duénsa
**Krebs** kránku
**Kredit** fiádu
**Kreditkarte** kartom vinti-kuátu
**Kreolisch** kiriolu
**Krieg** géra
**Küche** kusinha
**Kuchen** bolu
**Küchenschabe** baráta
**Kuh** báka
**Kühlschrank** jilera
**Kulturzentrum** séntru kultural
**Kur** kura
**Kürbis** bóbra; róka
**kurz** kurtu; báxu
**Küste** bera-már

## L

**Lächeln** grása
**lächeln** suri (i)
**Laden** lója
**Lampe** lámpa
**Land** téra
**Land (nicht Stadt)** fóra
**landen** xinta (á)
**Landwirt** labrador
**Landwirtin** labradera
**Landwirtschaft** agrikultura; labora
**lang** kumpridu
**langsam** dibagár
**Languste** lagósta
**Lärm** barudju
**lassen** dexa (á)
**laufen** kóri (e)
**lauwarm** mornu
**Leben** bida
**Lebensmittelgeschäft** lója
**Leber** figa, figu
**leer** baziu
**legen** po, poi (o)
**leicht** fáxi; lebi
**leiden** sufri (i)
**Leidenschaft** paxom
**Leiter** skáda
**lesen** lé (e)
**letzte(-r)** ultimu/últimu
**letztes Jahr** ánu pasádu
**Leuchtturm** farol
**Libelle** kabálu-fitisera; mariâ-rubera
**Licht** lus
**Liebe** amor
**Liebling** kré-tcheu
**Liebschaft** amizádi
**Lied** kantiga
**Limo** sumu
**Linke (politisch)** skérda
**Liter** litru
**Löffel** kudjer
**Lorbeer** pádja-loru
**Löwe** liom
**Luft** ár
**Lust** vontádi

## M

**machen** fasi (e)
**mager** mágru
**Mais** midju
**Mais (fein zerkleinert)** lorom
**Mal** bés
**mal müssen (auf dem Land)** bá (á) kobom
**Malaria** paludismu
**malen** pinta (á)
**manchmal** albés
**Mango** mángi
**Maniok** mandióka
**Mann** ómi
**männlich; Männchen** mátchu
**Mannschaft (Sport usw.)** ikipa; timi
**Markt (für Kleidung)** sukupira
**Markt (für Nahrung)** merkádu; pilorinhu
**Maschine** mákina, máki
**Matratze** koltchom
**Mauer** paredi
**Meer** már
**Meeresfrüchte** morisku
**mehr** más
**mehr ... als** más ... ki
**mehrmals** manenti
**mein** nha
**melken** ordinha (á)
**Mensch** pekador
**Menü (Rest.)** ménta
**Messe** misa
**Messer** fáka
**mieten (Auto)** luga (á)
**mieten (Haus, Grundstück)** renda (á)
**Milch** leti
**Milchkaffee** kafé ku leti
**Milchpulver** leti empó
**Mineralwasser** águ ngarafádu
**Ministerium** ministeri
**Minute** minotu
**Misserfolg** xadrés
**missfallend** fedi
**misstrauen** diskunfia (á)
**Mist!** pora!; xisa!
**mit** ku
**mit jem. eine Liebesbeziehung haben** namora (á)
**mitbringen** tarsi (e)
**mitnehmen** leba (á)
**Mittag** meidiâ
**Mittagessen** almusu
**Mitternacht** mianoti
**Möbel** mobidja, mobilia
**möchten** kré (e)
**Mofa** silera-bai
**mögen** gosta (á) di
**mollig** rutchutchú
**Monat** més
**morgen** manham

**Morgen** mardugáda; parmanham
**Moslem; Muslima; moslemisch** musulmánu
**Motor** mutor
**Motorrad** móta
**müde** kansádu
**Mund** bóka
**Muschel** kaxinha
**Musik** múzika
**Musikstück** pésa
**müssen** debi (e)
**Mutter** mai
**Mütze** bliki

## N

**Na sag bloß!** diáxi!
**nach hinten** trás
**nach vorne** pa diánti, pa frenti
**Nachbar** bizinhu
**nachher** dispós
**Nachmittag** tárdi
**Nachname** pilidu
**Nacht** noti
**Nacht verbringen bei** ospra (á) na
**Nachtisch (süß)** dóxi
**nahe** pértu
**Nahrung** kumida
**Name** nómi
**Nase** narís
**nass** modjádu
**nass werden** modja (á)
**Nationalität** nasionalidádi
**neben** bera (di)
**Neffe** subrinhu
**nehmen** pánha (á); toma (á)
**Nein** nau
**Nektar** suku
**Netz** redia
**neu** nóbu
**nicht** ka
**Nichte** subrinha
**nichts** náda
**nie** nunka
**niedrig** báxu
**niemand** nungem
**noch** inda
**nonstop, ohne Unterbrechung** um bés bai
**Nonne** irmâ
**notwendig haben** mesti (e)
**Nummer** numbru
**nur** só
**Nützlichkeit** sirbintiâ

## O

**obwohl** simé ki
**oder** o
**offen** abértu
**öffnen** abri (i)
**oft** tcheu bés
**Oh weh!** Abé-Maria!
**ohne** sem
**ohnmächtig werden** smáia (á)
**Öl** óli
**Olivenöl** azeti; seti
**Operation** operasom
**Orange (Frucht)** laránxa
**Ort** kau
**Ostern** Páskua

## P

**Paar** pár
**Päckchen** mbaláji; mbúrdiu; pakóti
**Panne** bariâ; variâ
**Papaya** papáia
**Papier** papel
**Papst** Pápa
**Paradies** gulória; paraízu
**parken (Auto)** ngosta (á)
**passieren** pása (á)
**Pate** padrinhu
**Patin** madrinha
**Peperoni** margéta
**Pfeffer** margéta
**Pfefferminze** ortolom
**Pferd** kabálu
**Pflanze** plánta
**Pflaster** pénsu
**Pflasterstein** kalsitádu
**Pickel** spinhu
**Pille (Anti-Baby-Pille)** pirlu
**Pipi machen** xixí
**Piste** stráda
**Pizza** piza
**Platz** prása; lugár
**platzen; ein Loch bekommen** fra (á); rabenta (á)
**Polizei; Polizist** pulisia
**Polizeirevier** kamándu di pulisia
**Polizeiwache** skuádra di pulisia
**Postbote** karteru
**Postkarte** pustal, postal
**Preis** présu
**Priester** pádri
**Problem** prabulema

**profitieren** purbeta (á)
**protestantisch** prutestánti
**Prozent** na (kada) sem; purséntu
**Pudding** pudim
**Pulli** kasáku
**pummelig** rutchutchú
**punkt ... (Uhrzeit)** mpontu
**pünktlich** déntu d'óra; na óra sértu
**Punsch (aus Rum)** póntchi
**Püree** pápa
**Putzfrau** mpregáda
**Putzmittel** tipol

## Q/R

**Quelle** funti; odju d'águ
**Rad** róda
**Radio** rádiu
**ranzig** ransiós
**Rathaus** kámbra (munisipal)
**Rechnung** kónta
**Rechte (politisch)** ndreta
**Reduzierung** diskontu
**Regal** stánti
**reich** riku
**Reifen** pineu
**reinigen** limpa (á)
**Reis** arós
**Reise** viáji, viáxi
**Reisebüro** ajénsia di viáji
**Reisepass** pasapórti
**Religion** rilijom
**Rente** pensom
**reparieren** kompu (o)
**Rezept** raseta
**richtig** dretu
**Rock** sáia
**Rücken** kósta
**ruhig** kétu
**rutschen** lolu (o)

## S

**Saat** simentera
**Sache** kusa
**säen** simia (á)
**Saft (frisch gepresst)** suku
**Saft (künstlich)** sumu
**sagen** fla (á)
**Sahne** náta
**Salat** alfása
**Salon** sála
**Salz** sal
**Samen** simenti
**Sand** riâ, reia
**Sänger** kantor
**Sängerin** kantóra
**Sau** pórka
**sauber** limpu
**sauer (z. B. Zitrone)** fórti
**Schachtel** káxa
**Schaf** karnéru
**Schale** káska
**Schatten** sómbra
**schauen** djobi (e)
**Scheiße!** mérda!
**schicken** mánda (á)
**Schiff** bárku
**schlafen** durmi (i)
**Schlafzimmer** kuártu-durmi
**schlagen** konku (o)
**schlecht** mal; mau; fedi
**schlechter** pior
**schließen** fitcha (á)
**Schloss** fitchadura
**Schlüssel** tchábi
**schmackhaft** sábi
**Schmerz** dor
**schmerzen** dué (e)
**Schmetterling** barbuléta
**schmutzig** xuxu
**schnarchen** ronka (á)
**schneiden** korta (á)
**schnell** fáxi
**schon** dja
**schön** bunitu, bunita
**Schrank** armári
**Schraubenschlüssel** tchábi
**schreiben** skrebi (e)
**Schritt** pásu
**Schuh** sapátu
**Schule** skóla
**Schulter** ómbru
**Schüssel** basiâ
**schwach** fráku
**Schwanz** rábu; bixa
**schwarz** prétu
**schwarz-weiß (Film, Foto)** sukuru ku bránku
**Schwein** porku
**schwer** difisi; pisádu
**Schwester** armum (fémia); irmâ
**schwimmen** náda (á)
**Seele** álma
**sehen** odja (á); djobi (e)
**sehr** mutu; rai di; tcheu
**sehr ... (Adj.) sein** kába (á) ku

**sein (Verb)** ser
**sein** si
**sein (irgendwo)** sta (á)
**Sekunde** sugundu
**selbst wenn** mésmu ki; sikré
**Serviette** guárda-nápu
**Servus!** tchau!
**setzen** po, poi (o)
**setzen (sich)** xinta (á)
**sich befinden** sta (á)
**sich bezahlen lassen** kobra (á)
**sich selbst** kabésa
**sie** e
**Sie (alle)** nhós
**Sie (Frau)** nha
**Sie (Herr)** nhu
**sie (Mz)** ês
**sind** é
**singen** kánta (á)
**Sitzplatz** lugár
**Slum** kása-láta
**so** simé; si; a-si
**so ... wie** tom ... sima
**sobald** só; sima
**Socken** meias; miâ
**Soda** sumu
**Sofa** stufá
**sofort** kel óra; gósi-li
**sogar** um; omésmu; nem si
**Sohn** fidju mátchu
**Sonne** sol
**Sonnenbrille** óklu (di sol)
**sonst** o
**Souvenir** lembránsa
**Spaghetti** spargeti
**spät** tárdi
**Spiegelei** óbu streládu
**Spiel** djogu
**spielen** djuga (á)
**Spieler** djugador
**Spieß** pintchu
**Spinne** aránha
**Sport** disportu
**Sprache** lingua
**sprechen** papia (á)
**Stadion** stádiu
**Stadt** sidádi
**Stadtviertel** zóna
**stark** fórti
**starten** ránka (á)
**starten (Flugzeug)** labánta (á)
**stattfinden** pása (á)
**stehlen** roba (á)
**stellen** po, poi (o)
**Stempel** karimbu
**sterben** móri (e)
**Stier** boi
**Stift** kanéta
**Stimme** vós
**Stockwerk** andár
**Strafe** multa
**Strand** rol-di-már
**Straße** ruâ; stráda
**Student(-in)** studánti
**studieren** studa (á)
**Stuhl** kadera
**Stunde** óra
**Summe (Geld)** kontiâ, kontidádi
**Sünde** pekádu
**Sünder** pekador
**Supermarkt** supermerkádu
**Suppe** sopa
**süß** dóxi
**Süßkartoffel** batáta
**sympathisch** dretu

## T

**Tabak** kankam
**Tag** diâ
**Tal** rubera
**Tamarindenbaum** tambarinha
**Tanklastwagen (z. B. mit Wasser)** ototánki
**Tankstelle** postu-gazulina
**Tante** tiâ
**Tanz** bádju
**tanzen** bádja (á)
**Tarifeinheit (Telefon)** mpulsu
**Tasche** bólsa
**Taschenlampe** láitis
**tauchen** murgudja (á)
**tauschen** troka (á)
**Teig** mása
**Telefon** tilifóni
**Telefonbuch** lista di tilifóni
**telefonieren** tilifona (á)
**Telefonkarte** kartom di tilifóni
**Telefonzelle** kabini-tilifóni
**Teller** prátu
**teuer** káru
**Theke** bulkom
**Thunfisch** atum
**Ticket** bilieti; pasáji
**Tier** lumária
**Tintenfisch** polbu; polvu; xoku
**Tisch** mésa

**Tochter** fidju fémia
**Toilette** kása-bánhu
**Ton** som
**Tonkrug** póti
**töten** máta (á)
**Tourist** turista
**trampen** pidi (i) buleia
**Treppe** skáda
**trinken** bebi (e)
**trocken** séku
**Trommel** tamboru
**tropisch** tropikal
**trotzdem** nem si
**Truthahn** peru
**Tschüß!** tchau!
**T-Shirt** kamisóla
**Tuch** pánu
**tun** fasi (e)
**Tür** pórta

## U

**über** riba; ruba
**übermorgen** otramanham
**überqueren** pása (á)
**übrigens** aliás; kába
**Uhr** luróxi
**um etw. bitten** pidi (i)
**und** ku; i
**Unfall** asidenti; dizástri
**Unglaublich!** kredu!
**Universität** universidádi
**unser** nós
**unter** báxu (di)
**Unterrock** sáia bránku; saióti
**unterschreiben** sina (á)
**Unterschrift** sinatura
**Urin** orina

## V

**Vater** pai
**Ventilator** ventinha
**verbessern** midjora (á)
**Verbrennung** kemadura
**Verdammt!** pora!; xisa!
**verdienen** meresi (e)
**Vereinigte Staaten von Amerika** Mérka
**Vergnügen** prazer
**verhandeln** nogosia (á)
**verkaufen** bendi (e)
**verlassen** sai (i)
**verlieben (sich in)** paxona (á) pa
**verlieren** perdi (e)
**verrückt** dodu
**Versicherung** suguru
**verstehen** ntendi (e)
**verstopft** retedu
**Verwaltung** dimistrasom
**Verwandter** familia
**viel** um munti
**Vielen Dank!** mutu obrigádu!
**vielleicht** talbés
**Viertel** kuártu
**Viertelstunde (und eine)** nkuártu
**Vogel** pásu
**voll** xeiu
**von** di
**vor (zeitlich)** ántis (di); purmeru pa
**vor zwei Jahren** oránu pasádu
**Vorabend** béspra
**vorausgesetzt, dass** só ma
**vorbeigehen** pása (á)
**vorgestern** ontónti
**Vorname** nómi
**vorne** diánti, frenti
**Vorspeise** bafiu
**vorstellen (jem.)** mostra (á)
**Vulkan** bulkom; burkam

## W

**Wächter** guárda
**Wahnsinn!** kredu!
**Währung** troku
**wann?** ki óra?; ki témpu?
**Wanne** basiâ
**Wanze** dabiu
**war** éra
**waren** éra
**warm** kenti
**Wärme** kentura; kalor
**warnen** abiza (á)
**warten** spéra (á)
**Warteschlange** bixa
**warum?** pamódi?
**was** ki; ma
**was?** kusé?
**waschen** lába (á)
**waschen (sich)** toma (á) bánhu
**waschen (Wäsche)** bati (i)
**Waschpulver** ómu
**Wasser** águ
**Wasser mit Kohlensäure** águ okisijenádu
**Wassertank** tánki

**WC-Schüssel** letreti; sanita
**wechseln** troka (á)
**weder ... noch** nem ... nem
**Weg** kaminhu
**weggehen** parti (i); sai (i)
**wegnehmen** tra (á)
**wehtun** dué (e)
**weiblich** fémia
**weich** móli
**Weihnachten** Natal
**weil** pamódi
**weinen** tchora (á)
**weißer Rum** grógu
**weit** lonji
**weitermachen** sigi (i)
**welch ein ... !** fórti ... !
**welche(-r)?** kal?; kas?; ki?
**Welle** óndia
**Welt** mundu
**wenig** poku
**weniger** más poku
**wenn** óki; kántu (ki)
**wer?** kem?; kenha?
**werfen** bota (á)
**wert sein** bali (e)
**wie** sima
**wie viel?** kántu?
**wie?** módi?; moki?
**wieder in Ordnung bringen** dismopi (i)
**wildes Tier** lumária di mátu
**Wind** béntu
**wir** nackt
**wirklich** própi; mé
**wissen** sabi (e)
**wo?** undi?
**Woche** sumána
**wohnen** mora (á)
**Wohnung** dipartaméntu; partaméntu
**Wohnzimmer** sála
**Wolke** négua; nubia; nubri
**wollen** kré (e)
**Wort** palábra
**wozu?** pa kê?
**Wunde** frida; pankáda
**Wunder** milágri
**Wurst (in Konserven)** longavida
**Wut** ráiba

## Z

**Zahl** numbru
**Zahn** denti
**Zahnbürste** skoba di denti
**Zahnpasta** pásta-denti
**Zäpfchen** supozitóri
**Zärtlichkeit** ternura
**zeigen;** mostra (á)
**Zeit** témpu
**Zelt** ténda
**Zentrum** séntru
**zerbrechen** kebra (á)
**zerdrücken** mása (á)
**Zimmer** kuártu
**Zinsen; Zinssatz** juru
**Zitrone** lumom
**Zoll** alfánika
**zu früh** diantádu
**zu Fuß** pé-na-tchom
**zu spät** atrazádu
**Zucht** kiriasom
**Zucker** sukri
**Zuckerrohrsirup** mel
**zuerst** purmeru
**Zuneigung** karinhu
**zur Verfügung haben** teni (e)
**zurückschieben** da (á) ré
**zurücktreten** da (á) ré
**zusammen** djuntu
**zusammenbrechen** romba (á)
**Zuschuss** djuda
**zu viel** dimâs
**zweite(-r)** sugundu
**zwinkernd** piska-piska
**zwischen** entri

# Wörterliste Kiriolu – Deutsch

## A

**Abé-Maria!** Jesus Maria!; Oh weh!
**abértu** geöffnet; offen
**abiza (á)** warnen
**abri (i)** öffnen
**ádju** Knoblauch
**agrikultura** Landwirtschaft
**águ** Wasser
**águ ngarafádu** Mineralwasser
**águ okisijenádu** Wasser mit Kohlensäure
**aiam** Ja
**ajénsia di viáji** Reisebüro
**al** es ist möglich, dass
**a-la** dort; dort ist
**albés** manchmal
**alfánika** Zoll
**alfása** Salat
**algem** jemand
**algem d'idádi** ältere Person
**algem grándi** Erwachsener
**algudom** Baumwolle
**algum** einige; ein gewisser
**a-li** hier; hier ist
**aliás** außerdem; übrigens
**álma** Seele
**almusu** Mittagessen
**áltu** hoch; groß (Höhe)
**amiga** Freundin
**amigu** Freund
**amizádi** Freundschaft; Liebschaft
**amor** Liebe
**ánda (á)** gehen; fahren (Fahrzeug)
**andár** Stockwerk
**ántis (di)** vor (zeitlich)
**ánu** Jahr
**ánu pasádu** letztes Jahr
**ánxu** Engel
**ár** Luft
**ár kondisionádu** Klimaanlage
**aránha** Spinne
**armári** Schrank
**armum** Bruder; Schwester
**armum fémia** Schwester
**armum mátchu** Bruder
**arós** Reis
**a-si** so; auf diese Weise
**asidenti** Unfall
**asuntu** Angelegenheit
**átcha (á)** finden
**atrazádu** zu spät
**atum** Thunfisch
**aviom** Flugzeug
**axim** Kokosnussöl
**azágua** Ernte; Erntezeit
**azeti** Olivenöl

## B

**bá / bái (á)** gehen
**bá (á) kobom** mal müssen (auf dem Land)
**badiu** aus Santiago
**bádja (á)** tanzen
**bádju** Tanz; Ball
**bafiu** Vorspeise
**bagáji** Gepäck
**bai ku bem** Hin- und Rückfahrt
**báka** Kuh
**bali (e)** wert sein
**banána** Banane
**banhera** Badewanne
**bánhu** Bad
**bánku** Bank
**bár** Bar; Kneipe
**baráta** Küchenschabe
**barátu** billig
**barbuléta** Schmetterling
**bari (i)** fegen
**bariâ** Panne
**bariga** Bauch
**bárku** Schiff
**bársi** Ebene
**barudju** Lärm
**basiâ** Schüssel; Wanne
**basora** Besen
**batariâ** Batterie
**batáta** Süßkartoffel
**batáta ngléza** Kartoffel
**bati (i)** waschen (Wäsche)
**báxu** niedrig; kurz
**báxu (di)** unter
**baziu** leer
**bebi (e)** trinken
**bédja** alte Frau
**bedjisa** Alter
**bedju** alter Mann; Greis
**béku** Gasse
**bem** gut
**bem (em)** kommen
**bendi (e)** verkaufen

**béntu** Wind
**bera (di)** neben; am Rand von
**bera-már** Küste
**berdi** grün
**berdiánu** kapverdisch
**berdura** Gemüse
**bés** Mal
**béspra** Vorabend
**bibliotéka** Bibliothek
**bida** Leben
**bila** kleine Stadt
**bilieti** Fahrkarte; Ticket
**bióla** Gitarre
**bira (á)** (sich) drehen
**biskiléta** Fahrrad
**bispru** Bischof
**bisti (i)** sich anziehen
**bistidu** Kleid
**bitchu** Biest; Insekt; kleines Tier
**bixa** Warteschlange; Schwanz
**bixéru** Kalb
**bizinhu** Nachbar
**bliki** Mütze
**bóbra** Kürbis
**bódi** Ziegenbock
**boi** Stier
**bóka** Mund
**bóla** Ball
**bólsa** Tasche
**bolu** Kuchen
**bom** gut
**bombu (u)** auf dem Rücken tragen
**bota (á)** werfen
**bóti** Fischerboot
**botom** Knopf (Maschine; Kleidung)
**brásu** Arm
**bu** du; dein(-e)
**buâ (á)** fliegen
**buáti** Disko
**bulkom** Theke; Vulkan
**buluza** Bluse
**bunitu; bunita** hübsch; schön
**burkam** Vulkan
**buru** Esel; dumm

## D

**da (á)** geben; jem. passen (recht sein)
**da (á) ku tornu** die Hüften schwingen (beim Tanz)
**da (á) ré** zurücktreten; zurückschieben
**dabiu** Wanze
**d'akordu** einverstanden
**debi (e)** müssen
**dédu** Finger
**denti** Zahn
**déntu** drinnen; in
**déntu d'óra** pünktlich
**dexa (á)** lassen
**di** von
**diâ** Tag
**diantádu** früher; zu früh
**diánti** davor; vorne
**diáxi!** Na sag bloß!; Also wirklich!
**dibagár** langsam
**difisi** schwer
**dimâs** zu viel
**dimistrasom** Verwaltung
**dinheru** Geld
**dinheru limpu na mó** bar; Barzahlung
**dipartaméntu** Wohnung
**diresom** Anschrift
**diskontu** Reduzierung
**diskulpa (á)** entschuldigen
**diskunfia (á)** misstrauen
**dismopi (i)** gerade richten; wieder in Ordnung bringen
**disportu** Sport
**dispós** danach; dann; nachher
**dixi (i)** hinuntergehen; handeln (Preis)
**dixida** Abstieg
**dizástri** Unfall
**dja** kommen aus; schon
**dja ki** da; aus dem Grund, dass
**djáki** Bulle
**djánta** Abendessen
**djeu** kleine Insel
**djobi (e)** sehen; schauen
**djogu** Spiel
**djuda** Hilfe (finanziell); Zuschuss
**djudeu** Jude
**djuga (á)** spielen
**djugador** Spieler
**djuntu** zusammen
**dodu** verrückt
**dóla** Dollar
**dor** Schmerz
**dotor** Doktor
**dotóra** Doktorin
**dóxi** süß; süßer Nachtisch
**dretu** richtig; gut; sympathisch
**dué (e)** schmerzen; wehtun
**duedju** Knie
**duénsa** Krankheit

**duensi (e)** krank werden
**duenti** krank
**dukuméntu** Dokument
**dura (á)** (lange) dauern
**durmi (i)** schlafen
**durmidu** fermentiert (Milch)
**dusia; duzia** Dutzend

## E

**e** er; sie
**é** ist; sind (Gegenwart von ser [sein])
**entra (á)** hereinkommen
**entri** zwischen
**éra** war; waren (Vergangenheit von ser [sein])
**éru** Euro
**es** dieses hier
**ês** sie (Mz)

## F

**fabor** bitte
**fadigádu** in Eile
**fáka** Messer
**famádu** bekannt; berühmt
**farol** Leuchtturm
**fasi (e)** machen; tun
**fasi (e) kómpra** einkaufen
**fátu-bánhu** Badeanzug; Badehose
**favor** bitte
**fáxi** einfach; leicht; schnell
**fébri** Fieber
**fedi** schlecht; missfallend
**feiu** hässlich
**fémia** weiblich
**féru** Eisen
**fésta** Fest
**fiádu** Kredit
**fidju** Kind (von jem.)
**fidju fémia** Tochter
**fidju mátchu** Sohn
**figa; figu** Leber
**fika (á)** bleiben
**fim** Ende
**finsionári públiku** Beamter
**firiésa** Kalte
**fitcha (á)** schließen
**fitchádu** geschlossen
**fitchadura** Schloss
**fixi** gut
**fixom (fixom-pédra)** Bohne
**fla (á)** sagen
**fláxa** Blitz
**fogom** Heim; Kochstelle
**fómi** Hunger
**fonfom** Hummel
**fóra** Land (nicht Stadt)
**fóra (di)** außerhalb von; außer
**fórsa** Kraft
**fórti** stark; sauer (z. B. Zitrone); welch ein …!
**fra (á)** platzen; ein Loch bekommen
**fráku** schwach
**frángu** Huhn
**fransedja** Falke
**frenti** davor; vorne
**frenti-frenti ku** gegenüber von
**frésku** frisch
**frida** Wunde
**friu** kalt; Kälte
**fruta** Frucht
**fundu** Grund
**funti** Brunnen; Quelle
**futibol** Fußball

## G

**gánha (á)** gewinnen
**gárfu** Gabel
**gargánta** Hals; Kehle
**gátu** Katze
**gazádju** Gastfreundlichkeit
**gazol** Diesel
**gazulina** Benzin
**gentis** Familie
**géra** Krieg
**giâ (á)** fahren
**gordu** dick; fett
**gósi** jetzt
**gósi-li** im Augenblick; sofort; gleich
**gosta (á) di** mögen
**grándi** groß
**grása** Lächeln
**grásas-a Diós!** Gott sei Dank!
**grexa** Kirche
**gripi** Grippe
**grógu** weißer Rum
**guárda** Wächter
**guárda-nápu** Serviette
**gulória** Paradies

## I

**i** und

**iási** Kleinbus
**idádi** Alter
**idiâ** Idee
**iii!** Donnerwetter! (Überraschung)
**ikipa** Mannschaft
**ilia** Insel
**imeia** halb (Uhrzeit)
**imeiu (und)** halb
**inda** noch
**intchi (i)** aufpumpen (Reifen)
**iogurti** Joghurt
**irmâ** Schwester; Nonne

## J

**jeládu** Eis
**jilera** Kühlschrank
**jinéla** Fenster
**jornalista** Journalist; Journalistin
**juru** Zinsen; Zinssatz

## K

**ka** nicht
**ka dura** es gibt (nur) wenige
**kába** übrigens
**kába (á)** beenden; enden
**kába (á) ku** sehr ... (Adj.) sein
**kabálu** Pferd
**kabálu-fitisera** Libelle
**kabélu** Haar(-e)
**kabésa** Kopf; sich selbst
**kabini-tilifóni** Telefonzelle
**kada** jede(-r)
**kadera** Stuhl; Hintern
**kafé** Kaffee; Frühstück
**kafé ku leti** Milchkaffee
**kais** Hafen
**kal?** welche(-r)?
**kálka (á) na** drücken auf
**kalor** Wärme
**kálsa** Hose
**kalsitádu** gepflastert (Straße); Pflasterstein
**káma** Bett
**kamándu di pulisia** Polizeirevier
**kamáti** Tomate
**kámbra (munisipal)** Rathaus
**kaminhu** Weg
**kamisa** Hemd
**kamisinha** Kondom
**kamisóla** T-Shirt
**Kanadá** Kanada
**kanadiánu** kanadisch
**kanéla** Bein
**kanéta** Stift
**kankam** Tabak
**kansádu** müde
**kánta (á)** singen
**kantiga** Lied
**kantor** Sänger
**kantóra** Sängerin
**kántu (ki)** wenn; als (+ Verb im Perfekt)
**kántu?** wie viel?
**kápis** Kapsel (z. B. Tablette)
**kapital** Hauptstadt
**kárga** Gepäck
**karimbu** Stempel
**karinhu** Zuneigung
**karnéru** Schaf
**kárni** Fleisch
**kárta** Brief; Spielkarten
**kárta di kondusom** Führerschein
**karteru** Postbote
**kartom di tilifóni** Telefonkarte
**kartom vinti-kuátu** Kreditkarte
**káru** teuer; Auto
**kas?** welche(-r)?
**kása** Haus
**kása (á)** heiraten
**kása-bánhu** Bad; Toilette
**kasáku** Jacke; Pulli
**kása-láta** Armenviertel; Slum
**káska** Schale
**katchor** Hund
**katólku** Katholik
**kau** Ort
**Kau Berdi** Cabo Verde
**kau-pára** Bushaltestelle
**káxa** Dose; Schachtel
**kaxinha** Muschel
**kázu (di)** absichtlich
**ke(l)-la** dieser da; diese da; das
**ke(l)-li** dieser hier; diese hier; dies
**kebi (e)** enthalten sein; halten
**kebra (á)** zerbrechen
**kebra-djudjum** Frühstück
**kel** diese(-r)
**kel óra** gleich; sofort
**kem?** wer?
**kemadura** Verbrennung
**kenha?** wer?
**kenti** heiß; warm
**kentura** Hitze; Wärme
**kes** diese (Mz)
**kétu** ruhig

**kexa (á)** sich beschweren
**kexu** Käse
**ki** dass; was
**ki?** welche(-r)?
**ki óra?** wann?; um wie viel Uhr?
**ki témpu?** wann?; zu welcher Zeit?
**kiria (á)** aufziehen (Tiere; Kinder)
**kiriasom** Zucht
**kiriolu** Kapverdianer(-in); Kreolisch
**kláru** klar
**klima** Klima
**klínika** Klinik
**kobi** Kohl
**kobra (á)** (sich) bezahlen lassen; kassieren
**kodji (e)** ernten (v. a. Bohnen)
**koitádu** erbärmlich; arm
**koku** Kokosnuss; Kokospalme
**kóltcha** Bettbezug
**koltchom** Matratze
**kompu (o)** reparieren
**konditor** Fahrer
**konditóra** Fahrerin
**konfirma (á)** bestätigen (einen Flug)
**kongu** Erbse
**konku (o)** schlagen
**konsigi (i)** erhalten; gelingen
**konsulta** Konsultation (mediz.)
**konta (á)** erzählen
**kónta** Rechnung; Bankkonto
**kontiâ; kontidádi** Summe (Geld)
**kóntra** gegen
**kontu** 1000 Escudos
**konxi (e)** kennen
**kópia** Fotokopie
**kor** Farbe
**koredor** Gang
**kóri (e)** laufen
**kórla** Cholera
**korpu** Körper
**korta (á)** schneiden; ernten (Mais)
**kosa (á)** jucken
**kósta** Rücken
**kránku** Krebs
**kré (e)** möchten; wollen
**kredu!** Wahnsinn!; Unglaublich!
**kré-tcheu** Liebling
**ku** mit; und
**kuáji** fast
**kuárta-fera** Mittwoch
**kuártu** Viertel; Zimmer
**kuártu-durmi** Schlafzimmer
**kuátu** vier
**kubérta** Decke
**kudádu!** Achtung!
**kudjer** Löffel
**kuedju** Hase; Kaninchen
**kumbida (á)** einladen
**kumida** Nahrung
**kumpanheru** Gefährte; Kumpan; Kollege
**kumpra (á)** kaufen
**kumpri (i)** ausführen; erfüllen
**kumpridu** lang
**kumprimidu** komprimiert
**kura** Heilung; Kur
**kurtu** kurz
**kusa** Sache
**kusé?** was?
**kusiádu** gekocht
**kusidu** in Wasser gekocht
**kusinha** Küche
**kustuma (á)** sich an etwas gewöhnen
**kutélu** Hügel

## L

**la** da; dort
**lába (á)** waschen; entwickeln (Fotos)
**labánta (á)** aufstehen; starten (Flugzeug)
**labora** Landwirtschaft
**labradera** Landwirtin
**labrador** Landwirt
**ladera** Abhang; Gefälle
**ládra (á)** bellen
**lagartixa** Eidechse
**lagósta** Languste
**láitis** Taschenlampe
**lámpa** Lampe
**lántcha** Fischerboot
**laránxa** Orange (Frucht)
**lárgu** breit
**lé (e)** lesen
**leba (á)** mitnehmen
**lebi** leicht
**lembránsa** Erinnerung; Souvenir
**leti** Milch
**leti empó** Milchpulver
**letreti** WC-Schüssel
**levador** Aufzug
**li** hier
**libra (á)** befreien; bewahren
**libru** frei

**liga (á) pa** anrufen (Telefon)
**limpa (á)** reinigen
**limpu** sauber
**lingua** Sprache
**liom** Löwe
**lisa (á)** bügeln (Wäsche)
**liseu** Gymnasium
**lisinsim** hier ganz nah
**lista di tilifóni** Telefonbuch
**litom** Ferkel
**litru** Liter
**livri** frei
**lixibia** Chlorwasser (zum Desinfizieren)
**lógu** dann; bald
**lója** Laden; Lebensmittelgeschäft
**lolu (o)** (aus)rutschen
**longavida** Wurst (in Konserven)
**lonji** weit
**lorom** Mais (fein zerkleinert)
**loru** Film (Foto)
**losa** Geschirr
**luga (á)** mieten (Auto)
**lugár** Platz; Sitzplatz
**lumária** Tier
**lumária di mátu** wildes Tier
**lumi** Feuer
**lumom** Zitrone
**luróxi** Uhr
**lus** Licht

## M

**m-** ich
**ma** was
**má** aber
**madrinha** Patin
**mágru** mager; dünn
**mai** Mutter
**mai ku pai** Eltern
**makáku** Affe
**mákina; máki** Maschine
**mákina di filma** Kamera
**mákina di tra fótu** Fotoapparat
**mal** schlecht
**mála** großer Koffer; Truhe
**maléta** Koffer
**malgós** bitter
**máma** Brust
**mánda (á)** schicken
**mandióka** Maniok
**manenti** mehrmals
**mángi** Mango
**manham** morgen
**mankára** Erdnuss
**mantega** Butter
**mantenha** Gruß
**manxi (e)** aufwachen; aufstehen
**már** Meer
**mára (á)** festbinden
**marádu** festgebunden; herb
**mardugáda** Morgen
**margéta** Peperoni; Pfeffer
**margós** bitter
**mariâ-rubera** Libelle
**maridu** Ehemann
**más** mehr
**más ... ki** mehr ... als
**más poku** weniger
**mása** Teig
**mása (á)** zerdrücken
**máta (á)** töten
**mátchu** männlich; Männchen
**mau** schlecht
**mbaláji** Päckchen
**mbárka (á)** auswandern
**mbaxáda** Botschaft
**mbaxador** Botschafter
**mbaxadóra** Botschafterin
**mbónxi** Bohne
**mbúrdiu** Päckchen
**mé** wirklich; gleich
**médika** Ärztin
**médiku** Arzt
**médu** Angst
**mei** halb
**meias** Socken
**meidiâ** Mittag
**mekániku** Mechaniker
**mel** Zuckerrohrsirup
**mémbra** Freundin
**ménta** Menü (Rest.)
**mérda!** Scheiße!
**merés** Escudo (kapverdische Währung)
**meresi (e)** verdienen
**Mérka** Vereinigte Staaten von Amerika
**merkádu** Markt (für Nahrung)
**més** Monat
**mésa** Tisch
**mésmu ki** selbst wenn
**mesti (e)** brauchen; notwendig haben
**metádi** Hälfte
**miâ** Socken
**mianoti** Mitternacht
**midjor** besser
**midjora (á)** verbessern
**midju** Mais

**milágri** Wunder
**mindingu** Bettler
**minina** junges Mädchen
**mininu** Baby; Kleinkind
**ministeri** Ministerium
**minotu** Minute
**misa** Messe
**mizéria** Elend
**mó** Hand; Arm
**mobidja; mobilia** Möbel
**módi?** wie?
**modja (á)** nass werden
**modjádu** nass
**moki?** wie?
**móli** weich
**mora (á)** wohnen
**moráda** Adresse; Anschrift
**móri (e)** sterben
**morisku** Meeresfrüchte
**mornu** lauwarm
**mós** Junge; Freund
**móska** Fliege
**mostra (á)** zeigen; vorstellen (jem.)
**móta** Motorrad
**moxu** Hocker
**mpontu** genau; punkt ... (Uhrzeit)
**mpregáda** Putzfrau; Haushaltsangestellte
**mpulsu** Tarifeinheit (Telefon)
**mudjer** Frau
**multa** Strafe
**mundu** Welt
**munti** Berg
**murgudja (á)** tauchen
**musulmánu** Moslem; Muslimin; moslemisch
**mutor** Motor
**mutu** sehr
**mutu obrigádu!** Vielen Dank!
**múzika** Musik

## N

**na** in; auf; bei
**na (kada) sem** Prozent
**na mei di** in der Mitte von
**náda** nichts
**náda (á)** schwimmen
**namora (á)** mit jem. eine Liebesbeziehung haben
**narís** Nase
**nasionalidádi** Nationalität
**náta** Sahne
**Natal** Weihnachten
**nau** Nein
**nderésu** Adresse
**ndreta** Rechte (politisch)
**négua** Wolke
**nem ... nem** weder ... noch
**nem si** trotzdem; sogar
**nersijiâ; nestijiâ** Betäubung
**nétu** Enkel
**nférnu** Hölle
**nfurmariâ** Krankenstation
**ngosta (á)** parken (Auto)
**nha** mein; Sie (Frau)
**nhós** Sie (alle); ihr
**nhu** Sie (Herr)
**nkuártu** und eine Viertelstunde
**nóbu** neu; jung
**nogósi** Handel; Geschäft
**nogosia (á)** verhandeln
**nómi** Name; Vorname
**nós** unser
**noti** Nacht; Abend
**ntendi (e)** verstehen
**ntom** also
**nackt** wir
**nubia; nubri** Wolke
**num** keine(-r)
**numbru** Zahl; Nummer
**nungem** niemand
**nunhum** keine(-r)
**nunka** nie
**nvulópl; nvulópu** Briefumschlag
**nxáda** Hacke
**nxasom** Injektion

## O

**o** oder; sonst
**obi (i)** hören
**obrigádu** danke
**óbu** Ei
**óbu streládu** Spiegelei
**odja (á)** sehen
**odju** Auge
**odju d'águ** Quelle
**ofisina** Autowerkstatt
**ofista (á)** sich infizieren
**óki** wenn (+ Zukunft)
**óklu (di sol)** Sonnenbrille
**okupádu** beschäftigt
**óli** Öl
**ómbru** Schulter
**omésmu** sogar
**ómi** Mann
**ómu** Waschpulver

**óndia** Welle
**ónti** gestern
**ontom** also
**ontónti** vorgestern
**operasom** Operation
**óra** Stunde
**óra (na sértu)** pünktlich
**oránu pasádu** vor zwei Jahren
**ordinha (á)** melken
**orina** Urin
**Orópa** Europa
**oroportu** Flughafen
**ortolom** Pfefferminze
**oru** Euro
**ospra (á) na** die Nacht verbringen bei
**óspri** Gast
**osu** Knochen
**otel** Hotel
**otokáru** Bus
**ototánki** Tanklastwagen (z. B. mit Wasser)
**otramanham** übermorgen
**otrum** ein anderer
**otu** andere(-r)
**oxi** heute

## P

**pa** durch; für; damit; dass
**pa diánti; pa frenti** nach vorne
**pa kê?** wozu?
**padariâ** Bäckerei
**pádja** Gras; Blatt
**pádja-loru** Lorbeer
**pádri** Priester
**padrinhu** Pate
**pága (á)** bezahlen; ausmachen; ausschalten
**pai** Vater
**pakóti** Päckchen
**palábra** Wort
**paludismu** Malaria
**pam di téra** Baumwolltuch
**pamódi** weil
**pamódi?** warum?
**pánha (á)** nehmen
**pankáda** Wunde
**pánu** Tuch; Kopftuch
**pápa** Püree; Papst
**papáia** Papaya
**papel** Papier
**papia (á)** sprechen
**pár** Paar
**pára (á)** anhalten
**paraízu** Paradies
**paráji** Haltestelle (Autobus)
**paredi** Mauer
**parmanham** Morgen
**parsi (e)** erscheinen
**partaméntu** Wohnung
**parti (i)** abreisen; weggehen
**pás** Frieden
**pása (á)** vorbeigehen; stattfinden; passieren; überqueren
**pasáji** Ticket; Fahrschein
**pasapórti** Reisepass
**paseiu** Bürgersteig
**Páskua** Ostern
**pásta-denti** Zahnpasta
**pastell** gesalzener Krapfen
**pásu** Vogel; Schritt
**pátu** Ente
**paxénxa** Geduld
**paxom** Leidenschaft
**paxona (á) pa** sich verlieben in
**pé** Fuß; Bein
**pé di pó** Baum
**pekador** Sünder; Mensch
**pekádu** Sünde
**peli** Haut
**péna** Feder
**pé-na-tchom** zu Fuß
**pensaméntu** Gedanke
**pensom** Rente
**pénsu** Pflaster
**pénsu di mudjer** Damenbinde
**penti** Kamm
**pentia (á)** kämmen
**perdi (e)** verlieren
**pertádu** eng
**pértu** nahe
**peru** Truthahn
**pésa** Musikstück
**péska** Fischfang
**petu** Brust
**pexi** Fisch
**pidi (i)** um etw. bitten
**pidi (i) buleia** trampen
**pikinóti** klein
**pilidu** Nachname
**pilorinhu** Markt (für Nahrung)
**pineu** Reifen
**pinta (á)** malen
**pintchu** Spieß
**pior** schlechter
**pipixu** Eingeweide (von Geflügel)
**pirlu** Pille (Anti-Baby-Pille)
**pisádu** schwer
**pisiu!** He du!

**piska (á)** fischen
**piskador** Fischer
**piska-piska** zwinkernd; blinkend
**piskós** Hals
**piza** Pizza
**po; poi (o)** setzen; stellen; legen
**pobréza** Armut
**póbri** arm
**podi (e)** können
**poku** wenig
**polbu; polvu** Krake; Tintenfisch
**pom** Brot
**pomáda** Creme
**póntchi** Punsch (aus Rum)
**pora!** Verdammt!; Mist!
**pórka** Sau
**porku** Schwein
**pórta** Tür
**portu** Hafen
**postu-gazulina** Tankstelle
**posu** Brunnen
**póti** Tonkrug
**prabulema** Problem
**prása** Platz
**prátu** Teller
**prazer** Vergnügen
**predi; prédiu** Gebäude
**présu** Preis
**prétu** schwarz
**prinda (á)** aufhängen (Wäsche)
**probésa** Armut
**próbi** arm
**própi** wirklich; genau
**prutestánti** protestantisch
**pudim** Pudding
**pulisia** Polizei; Polizist
**pundi (e)** jem. besuchen
**purbeta (á)** profitieren
**purisu** deswegen; deshalb
**purmeru** zuerst
**purmeru pa** vor (zeitlich)
**purséntu** Prozent
**pustal; postal** Postkarte

## R

**rabenta (á)** platzen; bersten
**rabidánti** Händler (auf dem Land)
**raboka (á)** abschleppen
**rábu** Schwanz
**radiador** Heizung
**rádiu** Radio
**rai di** sehr
**ráiba** Wut
**rajista (á) bagáji** Gepäck aufnehmen
**rajistádu** Einschreiben (Post)
**ránka (á)** anlassen; starten
**ransiós** ranzig
**rapás** Junge; junger Mann
**rapodju** Kohl (grün)
**rása (á)** beten
**raseta** Rezept
**redia** Netz
**renda (á)** mieten (Haus; Grundstück)
**retedu** verstopft
**rétu** geradeaus
**riâ; reia** Sand
**riba** auf; über
**riku** reich
**rilijom** Religion
**rixu** hart
**roba (á)** stehlen
**róda** Rad
**róka** Kürbis (rund)
**rol-di-már** Strand
**rolu** Film (Foto)
**romba (á)** zusammenbrechen
**ronka (á)** schnarchen
**rótcha** Fels
**ruâ** Straße
**ruba** auf; über
**rubera** Tal
**rutchutchú** mollig; pummelig

## S

**sabi (e)** wissen
**sábi** angenehm; schmackhaft
**sáia** Rock
**sáia bránku; saióti** Unterrock
**sakor!** Hilfe!
**sal** Salz
**sála** Wohnzimmer; Salon
**sála-djánta** Esszimmer
**salgádu** gesalzen
**sanita** WC-Schüssel
**sántchu** Affe
**sántu** heilig
**sapatinha** Bohne
**sapátu** Schuh
**sápu** Frosch
**sarabedja** Bier
**sata** dabei sein
**saúdi** Gesundheit

**sedi** Durst
**sédu** früh
**segrédu** geheim
**seka (á)** beenden; enden
**séklu; séku** Jahrhundert
**séku** trocken
**sélu** Briefmarke
**sem** ohne
**sem-pra-kenha** erbärmlich
**sem trabádju** arbeitslos
**sempri** immer
**sendi (e)** einschalten; anmachen (Licht)
**séntru** Zentrum
**séntru kultural** Kulturzentrum
**ser** sein
**serveja** Bier
**ses** ihr
**seti** Olivenöl
**seu** Himmel
**si** so; sein; ihr
**sidádi** Stadt; Hauptstadt
**sigi (i)** folgen; weitermachen
**sikré** selbst wenn
**silera-bai** Mofa
**sim** Ja
**sima** wie; sobald; in dem Maße, wie
**simé** so
**simé ki** obwohl
**simentera** Saat
**simenti** Samen
**simia (á)** säen
**sina (á)** unterschreiben
**sinal di lus** Ampel
**sinatura** Unterschrift
**sinéma** Kino
**sinora** Karotte
**sintidu probidu** Einbahnstraße
**sintiméntu** Gefühl
**sintu** Gürtel
**sirbintiâ** Nützlichkeit
**skáda** Treppe; Leiter
**skérda** Linke (politisch)
**skina** Ecke (z. B. einer Straße)
**skoba di denti** Zahnbürste
**skóla** Schule
**skrebi (e)** schreiben
**skuádra di pulisia** Polizeiwache
**smáia (á)** ohnmächtig werden
**só** nur; sobald
**só di bai** Einzelfahrschein
**só ma** vorausgesetzt, dass
**sol** Sonne
**som** Ton
**sómbra** Schatten
**sopa** Suppe
**spargeti** Spaghetti
**spéra (á)** warten
**spértu** intelligent
**spinhera** dornig (Pflanze)
**spinhu** Pickel
**spital** Krankenhaus
**splika (á)** erklären
**sta (á)** (irgendwo) sein; sich befinden
**stádiu** Stadion
**stánti** Regal
**stendi (e)** aufhängen (Wäsche)
**stendi (e) káma** Bett machen
**stráda** Straße; Piste
**studa (á)** studieren
**studánti** Student(-in)
**stufá** Sofa; Couch
**subi (i)** hinaufsteigen; hinaufgehen
**subida** Aufstieg
**subrinha** Nichte
**subrinhu** Neffe
**sufri (i)** leiden
**sugundu** zweite(-r); Sekunde
**suguru** Versicherung
**sukri** Zucker
**suku** Saft (frisch gepresst); Nektar
**sukupira** Markt (für Kleidung)
**sukuru** dunkel
**sukuru ku bránku** schwarz-weiß (Film; Foto)
**sumána** Woche
**sumóla** Almosen
**sumoleru** Bettler
**sumu** Saft (künstlich); Limo; Soda
**sunsui (i)** bestreuen
**supermerkádu** Supermarkt
**supozitóri** Zäpfchen
**suri (i)** lächeln

## T

**ta** (Verbpartikel der Gegenwart)
**talbés** vielleicht
**tambarinha** Tamarindenbaum
**tamboru** Trommel
**támbra** Dattel (-baum)
**tárdi** Nachmittag; spät
**tarsi (e)** bringen; mitbringen

**tchábi** Schlüssel; Schraubenschlüssel
**tcháda** Hochplateau (Gebirge)
**tchapeu** Hut
**tchau!** Servus!; Tschüß!
**tcheia** Hochwasser
**tcheu** sehr
**tcheu bés** oft
**tchiga (á)** ankommen; ausreichen
**tchom** Boden
**tchoma (á)** heißen
**tchora (á)** weinen
**tchorís** Blutwurst
**tem (em)** haben; besitzen; es gibt
**témpu** Zeit; Jahreszeit
**ténda** Zelt
**teni (e)** zur Verfügung haben
**téra** Land
**ternura** Zärtlichkeit
**testádu** Bescheinigung
**ti** bis
**tiâ** Tante
**tilifona (á)** telefonieren
**tilifóni** Telefon
**timi** Mannschaft (Sport usw.)
**tinta** Farbe
**tipol** Putzmittel
**tirseru** dritte(-r)
**tóki** bis dass
**tom ... sima** so ... wie
**toma (á)** nehmen
**toma (á) bánhu** sich waschen
**torna (á)** etwas wieder tun
**tósi** Husten
**tra (á)** wegnehmen; herausnehmen
**tra (á) fótu** fotografieren
**tra (á) kópia** kopieren
**trabádja (á)** arbeiten
**trabádju** Arbeit
**trándu** außer
**trás** nach hinten
**trás di** hinten
**tráta (á) di** handeln von
**tráva (á)** bremsen
**troka (á)** sich ändern; tauschen; wechseln
**troku** Währung
**tropikal** tropisch
**trubunal** Gericht (juristisch)
**tud'algem** alle
**tud'óra** immer; die ganze Zeit
**tudu (kusa)** alles
**turista** Tourist

## U

**ui!** Au!
**ultimu/últimu** letzte(-r)
**um** einer; eins; sogar
**um bés** früher; geradeaus
**um bés bai** direkt; ohne Unterbrechung; nonstop
**um munti** viel
**uma** eine
**uma** ein Uhr
**undi?** wo?
**undi (e)** jem. besuchen
**universidádi** Universität
**urijenti** dringend

## V

**variâ** Panne
**véla** Kerze
**vensiméntu** Gehalt
**ventinha** Ventilator
**viáji; viáxi** Reise
**vióla** Gitarre
**vlosidádi** Geschwindigkeit
**vontádi** Lust
**vós** Stimme

## X

**xadrés** Misserfolg
**xamáda** Anruf
**xeiu** komplett; voll
**xinta (á)** sich setzen; landen
**xinti (i)** empfinden; fühlen
**xintidu** Gedanke
**xisa!** Verdammt!; Mist!
**xixí** Pipi machen
**xkudu** Escudo (Währung Cabo Verdes)
**xoku** Tintenfisch
**xuveru** Dusche
**xuxu** schmutzig; dreckig

## Z

**zóna** Dorf; Stadtviertel

# Der Autor

**Nicolas Quint** (2. v. r.) wurde 1970 in Poitiers (Frankreich) geboren. Nach seinem Abitur studierte er Biologie und Agronomie, sowie mehrere romanische Sprachen, vor allem Spanisch, Okzitanisch und Portugiesisch.

NQ

Von 1995-1996 leistete er im Rahmen der französischen Entwicklungshilfe seinen Militärdienst als Agronom auf den Kapverdischen Inseln ab und erlernte dabei Kiriolu. 1998 schloss er sein Studium an der Universität Paris III ab und verfasste seine Doktorarbeit über das Kapverdische. Seit 1999 ist Nicolas Quint Sprachforscher für Afrikanistik am staatlichen Institut CNRS in Paris. Gleichzeitig beschäftigt er sich sowohl mit dem Kiriolu, über das er mittlerweile viele Artikel und einschlägige Fachliteratur geschrieben hat, als auch mit kordofanischen Sprachen (Zentralsudan).

**S-u mustura ku porku, bu ta kumi farélu!**
*wenn-du sich-mischen mit Schwein, du [ta] essen Kleie*
Wer mit anderen Menschen lebt, nimmt unweigerlich etwas von ihrer Lebensweise auf.